Corona

*»Nicht nur Viren,
sondern auch Ideologien
können hochansteckend sein.«*

Heinz Schott

Corona und
was die Seuchengeschichte lehrt

Essay

BoD – Books on Demand

Bibliografische Information der Deutschen Nationalbibliothek:

Die Deutsche Nationalbibliothek verzeichnet diese Publikation in der Deutschen Nationalbibliografie; detaillierte bibliografische Daten sind im Internet über www.dnb.de abrufbar.

Coverbild:
Freiwillige Rotkreuzhelferinnen stellen Schutzmasken zur Bekämpfung der Spanischen Grippe her; USA 1918; im Hintergrund ein Poster zur Unterstützung der Soldaten im Ersten Weltkrieg

Das Motto ist einem Artikel des Theologen und Religionsphilosophen Ingolf U. Dalferth entnommen; erschienen in der FAZ vom 23.07.2020

SCHOTT's NEUE BIBLIOTHEK / 7

© 2020 Heinz Schott
Herstellung und Verlag: BoD – Books on Demand, Norderstedt.

ISBN: 9783751981095

Vorbemerkung

Im Frühjahr 2020 wurden Virologen über Nacht zu medialen Stars. Talkshows mutierten zu Lagebesprechungen und Pressekonferenzen zu Frontberichterstattungen. Namhafte Experten aus wissenschaftlichen Einrichtungen und Akademien meldeten sich zu Wort, Politikberatung war angesagt und die Politik stürzte und stützte sich auf »die Wissenschaft«. Aber wie so oft in Kriegs- und Krisenzeiten vergaß man, sich auf die Geschichte und die ihr innewohnende Macht zu besinnen. So entstand ein blinder Fleck, ein toter Winkel, wodurch historische Faktoren (neben anderen) aus dem Blick gerieten, die für eine kritische Einordnung der Corona-Pandemie zu berücksichtigen gewesen wären. Mein Essay versucht, dieser Geschichtsvergessenheit ein Stück weit abzuhelfen. Allerdings stellt er keine herkömmliche »Seuchengeschichte« – sozusagen von der Pest bis zur Corona – dar, sondern versucht, in einem vergleichenden Überblick den besonderen Charakter der Corona-Krise herauszufinden. Hierbei lasse ich mich auch von persönlichen Erfahrungen leiten. In welcher Weise hat sie mich beeindruckt, welche Einfälle hat sie bei mir provoziert? Wie können die ungeheuren Umwälzungen beschrieben werden, die ich – wie die allermeisten meiner Zeitgenossen – in so kurzer Zeit mit Erstaunen und teilweise mit Entsetzen beobachten konnte?

So entstand mein erster Essay, den ich als Medizinhistoriker verfasst habe. Er verzichtet auf manches Beiwerk, was eine wissenschaftliche Publikation auszeichnet, und lässt den subjektiven Gedanken des Autors ihren Lauf. So entstand ein kritischer Kommentar zur Corona-Pandemie. Beim »Panorama der Seuchen« habe ich mich an meinem Buch *Die Chro-*

nik der Medizin (Dortmund 1993) sowie an Materialien zu früheren Vorträgen orientiert. Die Texte zur »Corona-Krise« im zweiten Teil spiegeln persönliche Eindrücke und Einfälle ohne systematischen Anspruch wider. Die Bildergalerie am Ende soll in knapper Auswahl Schlaglichter auf die Seuchengeschichte werfen und wie mein Essay insgesamt zu einer historischen Auseinandersetzung mit der gegenwärtigen Pandemie anregen. Wer nach weiterführender Fachliteratur sucht, sei auf die Monografie von Heiner Fangerau und Alfons Labisch *Pest und Corona: Pandemien in Vergangenheit, Gegenwart und Zukunft* (Freiburg im Breisgau 2020) verwiesen.

Ich danke meinem Sohn Johannes für wichtige Hinweise und Korrekturvorschläge. Ohne seine Unterstützung hätte der Essay nicht in dieser Gestalt erscheinen können. Auch dem Verlag BoD – Books on Demand möchte ich für die unkomplizierte und zuverlässige Veröffentlichung Dank sagen, die dem Autor ein Höchstmaß an Freiheit lässt.

Bonn, im Oktober 2020   Heinz Schott

PANORAMA DER SEUCHEN – EIN HISTORISCHER SCHATTENRISS

Mein Panorama der Seuchen berücksichtigt acht epidemische Infektionskrankheiten, die in Medizin- und Kulturgeschichte eine markante Rolle spielen: *Lepra, Pest, Syphilis, Pocken, Cholera, Tuberkulose, Influenza* und *AIDS*. In ihm spiegeln sich Menschheitserfahrungen, die unvergesslich sind und in unsere Gegenwart hereinragen. Nicht nur Literatur und Kunst, auch Rituale und Feste, Baudenkmäler und Monumente bezeugen, wie stark Seuchen unsere Kultur beeindruckt haben. So verweisen Namen wie Gutleuthofweg, Melaten-Friedhof oder Siechhaus an die Lepra. St. Rochus- und St. Sebastian-Kirchen sind den Pestheiligen gewidmet, prachtvolle Pestsäulen aus der Barockzeit erinnern vor allem in Bayern an das Erlöschen der Seuche. Die Syphilis wurde von Literaten wie Voltaire oder Thomas Mann dichterisch dargestellt. Merkwürdigerweise hinterließen die Pocken relativ wenig kulturhistorische Zeugnisse. Immerhin zeichnen sich in Beethovens Gesichtsmaske von 1812 Pockennarben ab. Hierzulande wenig bekannt ist der Arzt Otto Gottlieb Mohnike (1814-1887), der als erster in Japan erfolgreich die Pockenschutzimpfung durchführte und dort bis heute verehrt wird: Im Jahr 2000 wurde die verwitterte Platte seines Grabes auf dem Alten Friedhof in Bonn durch eine medizinische Fachgesellschaft aus Japan restauriert und feierlich eingeweiht. Die

Cholera ist relativ häufig in der Belletristik sowie in Gemälden und Karikaturen dargestellt worden. Das bedeutendste Denkmal zur Erinnerung an Cholera-Opfer befindet sich im Innenhof des Hamburger Rathauses: der Hygieia-Brunnen, 1895/96 erbaut zum Gedenken an die Epidemie von 1892.

Die Tuberkulose, die im 19. Jahrhundert eher als chronisch verlaufende Volkskrankheit denn als epidemische Infektionskrankheit imponierte, ist im kulturellen Gedächtnis besonders präsent. Sie ist in Literatur, Musik (Oper) und Bildender Kunst häufig thematisiert worden. Die Blütezeit der Lungensanatorien und Luftkuren vor 100 Jahren, wie im Zauberberg-Roman von Thomas Mann vorgestellt, klingt bis heute nach. Demgegenüber wurde die verheerende Influenza-Pandemie von 1918/19, die Spanische Grippe, weitgehend aus dem öffentlichen Diskurs verdrängt. Obwohl weitaus mehr Menschen der Pandemie als den Kriegshandlungen selbst zum Opfer fielen, verdecken die Kriegerdenkmäler für die Gefallenen des Ersten Weltkrieges bis heute ein mögliches Gedenken an die Opfer der Influenza, darunter berühmte Zeitgenossen wie Max Weber und Egon Schiele. Schlagartig rückte mit Ausbruch der Corona-Pandemie die Spanische Grippe als (vermeintlich) vergleichbare Seuche ins öffentliche Rampenlicht. Obwohl alle genannten Seuchen mit Ausnahme der Pocken heute noch vorkommen und zum Teil große Probleme aufwerfen, ist keine im öffentlichen Bewusstsein so gegenwärtig wie AIDS, was sich in populären Aktionen zu Prävention und Therapie niederschlägt. Hier wäre vor allem die 1987 gegründete Deutsche AIDS-Stiftung zu nennen. An zahlreichen Orten im In- und Ausland gibt es heute AIDS-Denkmäler.

Seuchenerfahrungen kristallisieren sich im kollektiven Gedächtnis – oder, um eine anderes Bild zu benutzen: formieren sich imaginär zu einem Gebirgszug mit unterschiedlich gestalteten Gipfeln, dessen Konturen sich am Horizont abzeichnen. Wie wird sich die gegenwärtige Corona-Pandemie in dieses Bild einfügen? Inwieweit wird sie das Panorama der Seuchen verändern? Letzteres wollen wir zunächst in einem »Schattenriss«

skizzieren, bevor ich vor diesem Hintergrund meine persönlichen Eindrücke im zweiten Teil des Essays schildern möchte.

Lepra, »Aussatz«

Die Bezeichnung »Aussatz« umfasste im Mittelalter nicht nur die Lepra in unserem heutigen Verständnis, sondern alle möglichen Krankheiten, die sich mehr oder weniger massiv auf der Haut niederschlugen und zu entstellenden Schäden führen konnten. Der abstoßende Anblick der Aussätzigen, von denen offenbar eine Ansteckungsgefahr ausging, führte zu ihrer »Aussetzung«, d. h. zu ihrer Ausgliederung aus der Gemeinschaft.

Als Ausgestoßener verlor der Lepröse seine angestammten Rechte. Seine sozialen Kontakte wurden weitgehend unterbunden. Lange Zeit durften alleinstehende Leprakranke nicht heiraten und unverheiratete mussten ihre Familien verlassen. Sogar die Totenmesse wurde für sie gelesen, denn sie galten gesellschaftlich als tot, obwohl sie ja woanders weiterlebten. Eine Reihe von »Lepra-Vorschriften« legte die rituelle Form dieser Ausgliederung fest. So mussten sich Lepröse durch besondere Kleidung zu erkennen geben, Handschuhe tragen, um körperliche Berührungen zu vermeiden und ihre Annäherung u. a. durch Klappern ankündigen.

Neben dem diätetischen Erklärungsversuch, Lepra sei auf den Genuss von verdorbenem Wein oder schlechtem Schweinefleisch zurückzuführen, überwog im frühen und hohen Mittelalter die religiöse Vorstellung, dass sie die Strafe für ein sündhaftes Leben sei. Der Kranke galt zunächst als unrein und gefährlich und war aus der Gemeinschaft auszuschließen. Als auch Kreuzfahrern an Aussatz erkrankten, wurde die Lepra weniger als Folge der Sünde, denn als eine »heilige Krankheit« aufgefasst. Den Kranken sollte nun in christlicher Nächstenliebe geholfen werden. Die Totenmesse für die Leprösen wurde abgeschafft, und das dritte Laterankonzil beschloss 1179, dass Lepra kein Scheidungsgrund mehr sei. Der um 1120 in Jerusalem gegründete St.-Lazarus-Orden befasste sich speziell mit der Pflege von Aussätzigen in »Lazaretten«. Im hohen Mittelalter wurden europaweit in großer Zahl besondere Häuser (Leprosorien, Leprahäuser) für die Aussätzigen gebaut. So bildeten sich klosterähnliche Gütergemeinschaften, die aus ihrer Mitte einen Leprosen-Meister wählten. Die Leprosenordnung schrieb Gleichheit von Verpflegung und Kleidung vor.

Das Auftreten von Lepra war im Mittelalter meldepflichtig. Zuständig war zumeist der Pfarrer, dem bei Unterlassung der Meldung binnen einer festgesetzten Frist (sechs Wochen) die Exkommunikation drohte. Diagnostisch beschrieben wurden die Symptome der Lepra – im Mittelalter auch als »Miselsucht« oder »Misel« (von lat. *misellus* = arm, elend) bezeichnet – gemäß den Regularien der »Lepraschau« ab dem 12./13. Jahrhundert. Mutmaßlich Erkrankte wurden vor der Aufnahme in ein Leprosorium von einer Kommission von Ärzten und Chirurgen »besehen«, die in der Regel offiziell von den jeweiligen Stadträten eingesetzt wurde. Diese »Lepraschau« glich einem Gerichtsprozess. Die betreffende Person wurde vorgeladen, untersucht und be- bzw. verurteilt. Wurde sie für krank befunden, wies man sie in ein Siechenhaus ein; war sie »rein« oder »unschuldig«, so wurde sie freigesprochen. In Zweifelsfällen erfolgte eine erneute Vorladung. Das Urteil wurde in einer Urkunde niedergelegt, die beim Eintritt ins Leprahaus vorzulegen war. Insbesondere im späten Mittelalter sollte dieses Dokument verhindern, das vagabundierende Arme in den Leprahäusern Unterschlupf und Verpflegung fanden. Die Krankheitszeichen, die bei der Lepraschau beachtet werden mussten, waren in speziellen Katalogen aufgeführt: u. a. harte und gehöckerte Muskeln; ausgetrocknete Haut; Haarausfall; Muskelschwund; Unempfindlichkeit und Krämpfe; Hautausschläge (Krätze, Schuppen, Geschwüre).

Die bekannteste Darstellung eines Aussätzigen findet sich im Alten Testament im Buch Hiob – eine Thematik, die in der Literatur- und Kunstgeschichte vielfach bearbeitet worden ist. So schilderte der mittelhochdeutsche Autor Hartmann von Aue in seinem Versepos »Der arme Heinrich« das Schicksal eines an Aussatz erkrankten Ritters. Der Aussätzige, der wegen seiner abstoßenden Erscheinung aus der Gesellschaft ausgeschlossen worden ist, versucht mit Hilfe der Ärzte, Gesundheit und Ansehen (»êre«) wiederzuerlangen. Er reist zu den Hochburgen der Medizin seiner Zeit: Montpellier und Salerno. Doch nur ein Mediziner in Salerno kann ihm Hoffnung machen: Wenn »Gott wollte der Arzt sein«, dann könne Heinrich das Blut aus dem Herzen einer Jungfrau retten. Die Frau müsse im heiratsfähigen Alter sein und sich freiwillig opfern. Schließlich ist eine Bauerntochter dazu bereit, sich für ihn töten zu lassen. Zusammen reisen sie nach Salerno. Doch als Heinrich sie nackt und gefesselt auf dem Tisch des Arztes liegen sieht, ist der Ritter von der Schönheit des Mädchens so beeindruckt, dass er ihr Opfer zurückweist und sein Leiden akzeptiert. Daraufhin macht Gott ihn gesund, der Ritter und das Mädchen heiraten. Die Schilderung des tugendhaften Verhaltens des »armen Heinrichs« und des Bauernmädchens sollte dem Adel ein Vorbild geben. Das frische Herzblut einer Jungfrau als Heilmittel verweist auf eine traditionelle magische Heilmethode, wodurch Lebenskraft von einem besonders vitalen Lebewesen auf eine kranke Person übertragen werden kann. Bereits in der Antike galt frisches Menschenblut als Heilmittel. So empfahl der römische Schriftsteller Plinius der Ältere (1. Jh.) das Blut Verletzter, insbesondere das Blut von Gladiatoren, als Mittel gegen die »Fallsucht« (Epilepsie) zu trinken.

Der Ursprung der Lepra ist nicht eindeutig datierbar. Ägyptische Quellen lassen darauf schließen, dass die Krankheit bereits im dritten und zweiten Jahrtausend v. Chr. aufgetreten ist. In biblischer Zeit soll die Lepra im östlichen Mittelmeerraum bekannt gewesen sein. Zu Beginn unserer Zeitrechnung berichteten römische Quellen über das Vorkommen der Krankheit. Im zweiten Jahrhundert soll sie im gesamten Römischen Reich verbreitet gewesen sein. Im 4. Jahrhundert wurden im Mittelmeerraum erste Spezialanstalten für Leprakranke (Leprosorien) gegründet, im 6. Jahrhundert fanden sich diese Institutionen überall in Europa. Bis zum 13. Jahrhundert breitete sich die Lepra weiter aus. Im 14. Jahrhundert ging der Aussatz in Europa allmählich zurück. Ursache war vermutlich die Pest, die auch viele Lepröse dahinraffte. Leprahäuser wurden nun häufig zu Pesthäusern umfunktioniert. Die Maßnahmen zur sozialen Ausgliederung der Leprösen und ihre Stigmatisierung als »Unreine« blieben jedoch bis in die Neuzeit hinein erhalten, als die Krankheit fast gänzlich aus Europa verschwunden war. In den tropischen und subtropischen Ländern der Dritten Welt (Afrika, Indien, Lateinamerika) ist sie allerdings bis heute noch weit verbreitet. Gegenwärtig werden jährlich etwa 200.000 Neuerkrankungen weltweit registriert.

Grundlegend für die wissenschaftliche Erkenntnis der Lepra als einer bakteriellen Infektionskrankheit war die Entdeckung des Lepra-Bazillus durch den norwegischen Forscher Armauer Hansen im Jahr 1873. Nachdem der deutsche Bakteriologe Albert Neisser den Bazillus in leprösem Gewebe nachgewiesen hatte, begann die konsequente Bekämpfung der Lepra als Infektionskrankheit. Doch erst in 20. Jahrhundert gab es wirksame Medikamente in Form von Chemotherapeutika bzw. Antibiotika. Gleichwohl bleibt sie weiterhin eine Krankheit, die besonders die Armen in bestimmten Entwicklungsländern trifft. Die in Mitteleuropa vereinzelt auftretenden Leprafälle werden wegen ihrer Seltenheit von den Ärzten leicht verkannt.

Was sind die Besonderheiten des »Aussatzes«? Er ist eine Infektionskrankheit mit sehr langer Inkubationszeit und chronischen Krankheitsverläufen. Er wurde aber von Anfang an als ansteckend angesehen und für so gefährlich gehalten, dass man die »Gutleut« von der normalen Gesellschaft dauerhaft ausgrenzte. Insofern könnte man von einem »sozialen Tod« sprechen. Gleichzeitig jedoch wurden abseits der Städte und in der Regel flussabwärts Leprahäuser eingerichtet, in denen die »Gutleut« in einer Art Parallelgesellschaft durchaus geschützt leben und in dieser Gemeinschaft auch ihre eigene Versorgung organisieren konnten. Die »Gutleuthäuser« glichen gemeinschaftlich betriebenen Gutshöfen und waren alles andere als gefängnisartige Isolieranstalten. Denn die »Gutleut« waren von der übrigen Gesellschaft nicht absolut getrennt, sondern traten mit ihr in einen strikt begrenzten und geregelten Austausch. Zu bestimmten Zeiten durften sie an den Stadttoren milde Gabe entgegennehmen, ihr Kommen mussten sie mit Hörnern und Klappern ankündigen (die Aussätzigen-Klapper erinnert an die heute in der alemannischen Fastnacht benutzten Klappern), sie konnten mancherorts sogar am Gottesdienst in einem separierten Raum teilnehmen und ihm durch ein Guckloch folgen. Insofern können wir von einem bemerkenswerten Miteinander sprechen. Übergriffe oder Pogrome sind im Gegensatz zu manchen akut verlaufenden Seuchenzügen, wie vor allem der Pest, nicht überliefert. Wir werden im Weiteren sehen, dass die verschiedenen Seuchen recht verschiedenen Charakter haben und zu unterschiedlichen Formen der Bekämpfung und kulturellen Verarbeitung anregten. Eindrucksvoll ist das einzige Lepramuseum auf deutschem Boden in Kinderhaus, einem Stadtteil von Münster in Westfalen, das die Überreste eines alten Leprosoriums bewahrt hat. Gemäß einer Aufstellung des Lepramuseums gab es über 1000 solcher Häuser in Deutschland, von denen heute noch etwa ein Dutzend erhalten sind.[1]

Pest, »Schwarzer Tod«

Im Oktober 1347 liefen zwölf pestverseuchte genuesische Galeeren im Hafen von Messina (Sizilien) ein, deren Besatzungen sich in der Stadt Kaffa (heute: Feodossija, Krim) mit der Krankheit infiziert hatten. Die Seuche ging mit den Ratten bzw. dem Rattenfloh, die den Pesterreger mit sich trugen, an Land. Innerhalb weniger Tage erkrankten die Einwohner der Stadt und ihrer Umgebung an der Pest. Nach etwa sechs Monaten war die Hälfte der Bevölkerung entweder gestorben oder vor der Seuche geflohen. Ein solches Szenarium wiederholte sich tausendfach in Europa. Schät-

---

1 Siehe: https://www.lepramuseum.de/leprosorien-henning/ (5.04.2020)

zungsweise 25 Millionen Menschen, etwa ein Drittel seiner Bevölkerung, starben bis 1352 am »großen Tod«. Das bislang schlimmste Massensterben in der europäischen Geschichte nahm seinen Lauf.

Die Pandemie hatte vermutlich 1333 in China während einer Hungersnot begonnen. Über Indien erreichte sie 1347 die Küsten des Schwarzen Meeres, wütete dann in Süditalien ebenso wie in Byzanz und erfasste innerhalb von zwei bis drei Jahren entlang der mittelalterlichen Handels- und Schifffahrtswege ganz Europa, den Orient und Nordafrika. Die der grassierenden Seuche hilflos ausgesetzte Bevölkerung bezeichnete die Plage als »großen Tod«, »großes Sterben«oder »gemeines Leutsterben«. Zumeist handelte es sich um die Beulen- oder Bubonenpest, deren typische Kennzeichen die Schwellung und Eiterung der Lymphdrüsen (Eiterbeulen; lat. *bubones*) unter der Achsel und in der Leistengegend sind. Gleichzeitig trat eine besonders rasant verlaufende »Lungenpest« infolge einer Sepsis auf, bei der es zu massiven inneren Blutungen kam. Innerhalb weniger Tage starb der Kranke. Die erst im 16. Jahrhundert geprägte Bezeichnung »Schwarzer Tod« bezog sich auf die schwarzen und braunen Flecken, die bei diesem Krankheitsbild als Folge von Blutungen unter der Haut auftraten.

Die gelehrte Medizin des Mittelalters versagte bei der Bekämpfung der Pest und griff u. a. auf astrologische Erklärungen zurück. Auf Befehl des französischen Königs Philipp VI. (1293-1350) verfasste die Pariser medizinische Fakultät im Oktober 1348 das erste »wissenschaftliche« Gutachten zur Seuche *»gemäß den Regeln und Schlüssen der Astrologie und Naturwissenschaft [...]. Wenn in einer Gegend Wasser durch verendete Fische verdorben ist, so kann es durch die Sonnenwärme nicht aufgelöst und nicht in heilsames Wasser oder Hagel oder Schnee oder Reif verwandelt werden, sondern die Dünste verbreiten sich in der Luft und hüllen manche Gegenden in Wolken ein. [...] Das wird in allen Gegenden geschehen, über welche die verpestete Luft des indischen Meeres kommen wird und zwar so lange, als die Sonne im Zeichen des Löwen steht. Falls die Einwohner die folgenden Vorschriften oder ähnliche nicht beachten wollen, künden wir Ihnen unausbleib-*

lichen Tod an.«[2] Man empfahl groß angelegte Räucherungen mit Weihrauch und Kamille, gab diätetische Ratschläge, riet zu Klistieren, warnte vor ungesunder Lebensweise und vor Geschlechtsverkehr (»Umgang mit Weibern ist tödlich«).

Die praktische Erfahrung mit der Pest löste eine intensive Diskussion über die Verbreitung von Seuchen aus. Gegenüber der bisher vorherrschenden Theorie, dass sich die Pest über faulige Stoffe (Miasmen) in der Luft und der Materie verbreiten würde, fand die These von der Übertragung durch spezielle Krankheitserreger (Kontagien) immer mehr Anhänger. Vorbeugende und therapeutische Maßnahmen wie z. B. Räucherung, Aderlass oder Diätvorschriften erwiesen sich als wirkungslos. Die Städte versuchten, ihre Bürger durch gesundheitspolizeiliche Maßnahmen, wie z. B. die erstmals in Ragusa (Dubrovnik) angewandte Seequarantäne oder durch besondere Regularien wie die der neu gegründeten Sanitätsbehörde in Venedig, zu schützen. Doch da solche ersten Ansätze einer modernen Stadthygiene selten angewandt wurden, blieben sie wirkungslos.

Die Christen interpretierten die Seuche als Strafe Gottes. Mit religiösen Bußprozessionen und Stiftungen für Kirchen und Klöster erbaten sie Gottes Gnade. Pestheilige, vor allem St. Sebastian und St. Rochus, wurden um Hilfe angefleht. Viele versuchten, die Pest durch eine Umstellung ihrer Lebensführung abzuwehren. Wer es sich leisten konnte, verließ die Pestorte oder wartete in völliger Isolation das Ende der Seuche ab. Giovanni Boccaccio beschrieb in seinem Hauptwerk *Il Decamerone* (1349-53) die Reaktion der Bürger von Florenz: *»Einige waren nun der Meinung, durch ein mäßiges Leben und durch Enthaltsamkeit von allem Überflusse vermöge man besonders, diesem Übel zu widerstehen. Diese bildeten eine Gesellschaft und lebten, getrennt von den übrigen, verschlossen in Häusern, in welchem kein Kranker sich befand, beisammen. Hier genossen sie die feinsten Speisen und ausgewähltesten Weine mit großer Mäßigkeit und ergötzen sich, jede Ausschweifung vermeidend, mit Musik und anderen Vergnügungen.«*[3]

---

2   Zit. n. Georg Sticker: Die Pest, 1. Teil. Gießen, 1908; S. 60 f.
3   Zit. n. Heinz Schott: Die Chronik der Medizin, Dortmund 1993, S. 107.

Das apokalyptische Hereinbrechen der Pest erschütterte die Moral der Bevölkerung. Dies zeigte sich besonders in drei Massenbewegungen: Geißlertum (Flagellantismus), Tanzwut (Veitstanz, Tanzplage) und Judenverfolgung. Die Flagellanten (»Geißler«) zogen durchs Land und geißelten sich, um für die Sünden der Welt zu büßen. Die ekstatische Massenhysterie, in der sich Angst und Verzweiflung der geplagten Bevölkerung ausdrückten, riss Tausende mit sich. Vielerorts mussten soziale und ethnische Randgruppen als vermeintliche Urheber der Krankheit büßen. So wurde den Juden u. a. vorgeworfen, die Brunnen vergiftet und damit die Pest hervorgerufen zu haben. Den unter der Folter erzwungenen Geständnissen einzelner folgten Massenverfolgung und Massenmord. So wurde die Pestwelle nach 1347 von einer Pogromwelle begleitet, der Tausende von Juden zum Opfer fielen.

Die Seuche als Rache oder Strafe der Götter bzw. Gottes für begangene Sünden war eine frühe Erklärung von Epidemien. Die Pest als Folge mangelnden Gottvertrauens oder einer fehlgeleiteten Einbildungskraft war eine seit der Renaissance übliche psychologische Erklärung der Krankheitsentstehung. Astrologisch-kosmologisch wurde das Auftreten der Seuche mit dem Einfluss der Himmelskörper auf das irdische Leben, insbesondere auf Atmosphäre, Klima und Vegetation erklärt (wie im Pestgutachten der Pariser medizinischen Fakultät, siehe oben). In der Tradition des Hippokrates wurde als Ursache der Pest ein so genanntes *Miasma* angenommen, eine krankmachende Materie, die vor allem durch faulige Prozesse in Luft und Wasser entstehe. Die Krankheit entsprang demnach diffus aus der Umwelt durch giftige Dämpfe (»pestilenzialischer Gestank«). Demgegenüber behaupteten die Ansteckungstheoretiker (»Kontagionisten« von lat. *contagium* = Ansteckungsstoff), dass spezifische Krankheitserreger die Menschen befielen. Sie wurden erstmals von dem Jesuiten und Universalgelehrten Athanasius Kircher 1659 als »kleine Tierchen« (lat. *animalculi*) vermeintlich unter dem Mikroskop entdeckt. Endgültig konnte erst der schweizerische Bakteriologe Alexandre Yersin 1894 den Pesterreger in toten Ratten identifizieren: die *Yersinia* (oder *Pasteurella*) *pestis*.

Die Annahme eines »Kontagions«, das die Pest übertragen würde, begründete spezifische Abwehrmaßnahmen: Isolation, Quarantäne, Verbrennen von Gegenständen, Räucherungen von Kleidern, Atemschutz durch Masken und so weiter. Religiöse Stärkung (z. B. durch Gebet und Prozession), diätetische Vorschriften, Einnahme von Arzneimitteln und physikalische Maßnahmen (Dampfbäder, Räucherungen usw.) stellten ebenfalls Versuche dar, das »große Sterben« einzudämmen. Erst im 20. Jahrhundert wurden sowohl Schutzimpfungen als auch wirksame Arzneimittel (Sulfonamide, Antibiotika) gegen die Pest entwickelt. Dennoch ist es denkbar, das in Zukunft durch eine unvorhersehbare Steigerung der Virulenz des Pesterregers wiederum größere Pestepidemien ausbrechen, die allerdings sehr effektiv bekämpft werden könnten.

Die Einrichtung von Pesthäusern an vielen Orten ist ein Sonderkapitel der Krankenhausgeschichte. So wurde 1606 in Hamburg ein »Pesthof« in Betrieb genommen. Er bestand aus vier Flügeln, die einen Hof einschlossen. Ein Kanal, der sein Wasser aus der Elbe bezog, führte um den Gebäudekomplex herum und machte ihn somit zu einer künstlichen Insel. Er sorgte für die Beseitigung von Müll und Abwässern. Ein Jahr später begann in Paris der Bau des bis dahin größten Pesthauses, des *Hôpital St. Louis*. Wie in Hamburg wurde hier ein quadratisches Feld von Hallenbauten umgeben. Nach dem Pariser Vorbild entstanden vor allem in niederländischen und deutschen Handelsstädten kleinere Pesthäuser, so in Amsterdam (1630), Leiden (1658-1662), Delft sowie Augsburg (1621), Ulm (1628) und München (1649). Gegenüber den unzähligen Leprosorien war die Zahl der Pesthöfe jedoch relativ gering: Insgesamt sind nur etwa 100 bekannt. Im Unterschied zu den Leprosorien glichen die Pesthäuser eher Gefängnissen, die sich zumeist weit entfernt von den Städten befanden. Aus vielen gingen später erste Irren- und Krankenanstalten hervor.

Die letzte größere Pestepidemie ereignete sich im frühen 20. Jahrhundert. Im Oktober 1910 brach in der Mandschurei die Pest aus, vorwiegend in Form der Lungenpest (»Schwarzer Tod«). Bis zum Erlöschen der Epidemie Ende April 1911 starben mehr als 40.000 Menschen. Die Seuche gras-

sierte vor allem entlang der Niederlassungen der mandschurischen Eisen-
bahn, wo sich die chinesische Bevölkerung auf engstem Raum zusammen-
drängte. Die deutschen Behörden des Pachtgebietes Kiautschou erließen
in dessen Hauptstadt Tsingtau am 26. Januar 1911 scharfe Abwehrmaßnahmen gegen die Pest, um »mit allen Mitteln ein vollständiges Fernhalten
der Seuche« von der Hafenstadt Tsingtau zu erreichen, da »jeder Fußbreit
der Schutzgebietsgrenze an der See- wie in der Landseite« zur »Eingangs-
pforte« für die Pest werden könne. Das Schutzgebiet wurde mit militärischen Mitteln zu Lande und zu Wasser abgeriegelt. Tsingtau blieb daraufhin gänzlich von der Pest verschont.

Syphilis, »Franzosenkrankheit«

Im Jahr 1521 verfasste der italienische Arzt und Dichter Girolamo Fracastoro (um 1478-1553) sein Lehrgedicht über die »Syphilis oder die
Franzosenkrankheit« (*Syphelidis sive morbi gallici libris tres*), womit er
den Krankheitsnamen »Syphilis« prägte. Es erschien gedruckt erstmals
1530. Fracastoro zeigte auf, dass die Seuche in mehreren Ländern zugleich entstanden sei und erklärte ihren Ursprung astrologisch durch den
üblen Einfluss der Gestirne. Er verquickte die »Entdeckung Amerikas«
durch die europäischen Seefahrer mit dem griechischen Mythos vom be-
leidigten Sonnengott Apollo. Der Hirte Syphilus, erzürnt über die Sonnen-
glut, fiel vom Opferdienst des Sonnengottes ab und verkündete stattdessen die göttliche Verehrung seines Königs Alcithous. Das Volk schloss sich
Syphilus an. Zur Strafe sandte der Sonnengott die Seuche, die Syphilus,
den König und das ganze Volk befiel. Reuevoll wurde die Nymphe Amme-
rice um Hilfe angefleht. Sie verwies auf den »Baum Guajak« als Heilmittel.
Als die spanischen Entdecker der Neuen Welt erfuhren, dass die Seuche
auch in Europa ausgebrochen sei, brachten sie das Guajakholz (»Franzo-
senholz«) aus Mittelamerika, wo es als Heilmittel gegen die Krankheit ein-

gesetzt wurde, erstmals 1508 nach Europa. Hier wurde es vor allem durch den Reichsritter Ulrich von Hutten propagiert, der in seiner Schrift über das Guajak-Holz als Heilmittel gegen die Syphilis (*De guaiaci medicina et morbo gallico*, 1519) schilderte, wie er nach einer vergeblichen Quecksilberkur durch das »Lebensholz« geheilt worden sei.

Der Ursprung der Syphilis oder *Lues* (lat. = Seuche) ist bis heute ungeklärt. Ihr Ausbruch um 1500 und ihre pandemische Ausbreitung in den folgenden Jahrhunderten wurden einerseits auf die Einschleppung der Krankheit aus der Neuen Welt zurückgeführt, andererseits aber auf die sozialen, hygienischen und ökonomischen Missstände der Zeit, die eine bereits früher existierende Seuche zum Wiederaufflackern gebracht hätten. Wie bei anderen Infektionskrankheiten änderte sich auch bei der Syphilis das Krankheitsbild im Lauf der Zeit. In der Frühzeit stand der schreckliche Ausschlag im Vordergrund der Symptome. Außerdem wurden die Kranken von Knochenschmerzen gequält. Während Fracastoro die Quecksilbertherapie ablehnte, lobte er das Guajakholz als Heilmittel, das bis zum 19. Jahrhundert – auch bei anderen Krankheiten – angewandt wurde.

Werfen wir einen Blick auf das Krankheitsbild. Aus heutiger Sicht verläuft die nach der Geburt erworbene Syphilis ohne wirksame (antibiotische) Behandlung in vier Stadien. Im *Primärstadium* entsteht am Infektionsort, das heißt an der Eintrittsstelle des Erregers, der so genannte Primäraffekt: ein rotes, rundes, schmerzloses Geschwür. Nach etwa fünf Wochen werden die nächstgelegenen Lymphknoten befallen. Sie schwellen schmerzlos an und bilden den typischen Knoten (*Bubo*) in der Leistengegend. Bis zur achten Woche verteilt sich der Erreger auf dem Blut- und Lymphweg im ganzen Körper, und es kommt zu starken Nerven-, Muskel-, Gelenk- und Knochenschmerzen. Im *Sekundärstadium* bildet sich ein juckender Hautausschlag, der aus Flecken, Schuppen, Knötchen (Papeln) und Bläschen bestehen kann. Insbesondere die Hautfalten sind mit nässenden, hochinfektiösen Papeln befallen. Zusätzlich können auch innere Organe entzündet sein. Nach vier bis sechs Wochen verschwinden die Haut- und Schleimhauterscheinungen (so genannte Syphilide) ohne Narbenbildung. Es folgt in der Regel ein symptomfreies Stadium, das Monate bis Jahre und sogar Jahrzehnte dauern kann (*Lues latens*). Nach drei bis fünf Jahren kommt es bei den unbehandelten Syphilitikern zum *Tertiärstadium*: Große Knoten und Geschwüre befallen Haut und Schleimhäute, die nur unter Narbenbildung abheilen. Zusätzlich bilden sich Knoten unter der Haut, die erweichen und als Geschwüre mit scharfem Rand aufbrechen (»Gummen«). Besonders markant sind sie an Stirn, Lippe und Nase. Auch innere Organe, das Zentralnervensystem und die Knochen werden befallen. Bis zu 30 Jahre nach der Erstinfektion kommt es zum *Quartärstadium*: Die Krankheitsbilder der progressiven Paralyse (Größenwahn und Persönlichkeitsveränderungen), des *Tabes dorsalis* (»Rückenmarksschwindsucht«) mit zahlreichen schweren neurologischen Ausfällen sowie der Neurosyphilis (Befall der Hirngefäße mit Lähmungen) kennzeichnen die »Spätsyphilis«. Die hirnorganischen Spätfolgen der Syphilis betrafen um 1900 rund ein Drittel der Insassen psychiatrischer Anstalten!Aber erst gegen Ende des 19. Jahrhunderts wurden die Spätschäden der Syphilis auf statistischem Weg mit der Frühsyphilis in Zusammenhang gebracht.

Rund 400 Jahre hat es gedauert bis der Erreger der »Lustseuche« identifiziert werden konnte. Mit Albert Neissers Entdeckung des Tripper-Erregers 1870 begann das eigentliche wissenschaftliche Studium der Geschlechtskrankheiten unter dem Vorzeichen der Bakteriologie. Ilja I. Metschnikow übertrug 1903 die Syphilis vom Menschen auf den Affen. Er schuf damit die Grundlage für die Erforschung der Krankheit im Tierexperiment – eine wichtige Voraussetzung für die endgültige Identifizierung des Erregers. Weil dieser nur mit Schwierigkeiten sichtbar zu machen ist, entzog er sich lange Zeit den forschenden Blicken der Bakteriologen. Damit war Syphilis zu Anfang des 20. Jahrhunderts eine der letzten (bakteriellen) Infektionskrankheiten, deren Verursacher noch unentdeckt geblieben war.

Anfang 1905 beauftragte der Präsident des Kaiserlichen Gesundheitsamtes in Berlin Karl Julius Köhler den Leiter des Protozoenlabors Fritz Schaudinn mit der Überprüfung einer angeblichen Entdeckung von Syphiliserregern. Dazu unternahm Schaudinn gemeinsam mit Erich Hoffmann an der Charité eine Reihe von Experimenten. Am 3. März 1905 fanden sie erstmals *Spirochaeta pallida* (auch: *Treponema pallidum*), den Erreger der Syphilis. Die Fachwelt reagierte zunächst skeptisch. Zahlreiche Nachuntersuchungen bestätigten aber die Richtigkeit der Entdeckung.

Zur Behandlung der Syphilis diente von alters her das Quecksilber – zuerst in Form von Schmierkuren (von daher der Begriff »Quacksalber«), später als Einspritzung. Diese Therapie, die erhebliche Nebenwirkungen wie Nieren- und Nervenschädigungen hatte, erhielt 1910 Konkurrenz durch das von Paul Ehrlich und Sahatschiro Hata entwickelte »Salvarsan« (von lat. *salvo* = heilen und Arsen), das erste wissenschaftlich entwickelte Chemotherapeutikum (»Präparat 606«). Das Mittel war wesentlich wirkungsvoller als Quecksilber. Im Sommer 1910 nahm die Firma Hoechst am Main die Großproduktion auf. Nach Erprobung von »606« an 20.000 bis 30.000 Kranken kam »Salvarsan« Mitte Dezember 1910 auf den Markt. Zwischenfälle, die zum Teil auf verunreinigte Lösungsmittel zurückgingen, und Nebenwirkungen mit verschiedenen Vergiftungssymptomen (u. a. Kopfschmerz, Erbrechen, Durchfall, scharlacartiger Hautausschlag, Nesselsucht und Gelbsucht) machten die Salvarsan-Therapie zu einer umstrittenen Heilmethode. Es stellte sich bald heraus, dass Spätstadien der Syphilis mit »Salvarsan« kaum beeinflusst werden konnten. Bei frischer Infektion stand die Wirksamkeit außer Frage. Das von Ehrlich 1912 eingeführte »Neo-Salvarsan« (»Präparat 914«) hatte zwar geringere Nebenwirkungen, war aber zugleich auch weniger wirksam. Die intramuskulären Injektionen konnten sehr schmerzhaft sein. Erst nach Einführung des Penicillin in den 1940er Jahren stand eine wirksame antibiotische Therapie der Syphilis zur Verfügung.

Trotz der heute recht wirksamen diagnostischen und therapeutischen Mittel ist die Syphilis weltweit keineswegs unter Kontrolle und weit davon entfernt, »ausgerottet« zu werden. Derzeit werden in Deutschland jährlich mehr als 7.000 Neuinfektionen registriert, weltweit sind es zwischen 6 und 7 Millionen.

Pocken, »Blattern«

Am 14. Mai 1796 führte der englische Arzt Edward Jenner seinen legendären Versuch mit Kuhpocken-Lymphe durch und eröffnete damit die Ära der Vakzination (von lat. *vacca* = Kuh). Die Impfung mit Menschenpocken war schon lange Zeit in Indien, China und der Türkei gebräuchlich. Dabei wurde Pockeneiter von leicht Erkrankten mit einer Nadel auf Gesunde übertragen. Diese Methode der Variolation (»Inokulation« der Pocken) wurde in England erstmals 1717 durch einen Brief von Lady Mary Wortley Montagu bekannt. Als 1722 die Variolation am Hofe eingeführt wurde, verbreitete sie sich rasch über ganz Großbritannien, ab 1749 auch – in Genf beginnend – auf dem Kontinent. Insofern hatte sich bereits vor Jenners Zeit ein gewisses Impfwesen etabliert.

Der Landbevölkerung war bekannt, dass der am Euter der Kuh bei den so genannten Kuhpocken auftretende Ausschlag auch das Gesinde anstecken konnte, welches die kranken Kühe molk, und dass diese Menschen während einer späteren Pockenepidemie von der Seuche verschont blieben oder nur leicht erkrankten. Vereinzelt wurde auch bereits die künstliche Pfropfung der Kuhpocken als Schutzimpfung eingesetzt, was aber kaum Beachtung fand, bis 1798 Jenners Schrift »Untersuchungen über die Ursachen und Wirkungen der Kuhpocken« Aufsehen erregte. Er zeigte, dass bei der Variolation keine der üblichen Hautreaktionen zu beobachten waren, wenn der Impfling zuvor die Kuhpocken durchgemacht hatte. In seiner Schrift schilderte er, wie er 1796 erstmals Impfstoff, der von einem Menschen und nicht vom Tier gewonnen wurde, übertrug: *»Um den Verlauf der Infektion noch genauer zu beobachten, impfte ich einem gesunden achtjährigen Knaben die Kuhpocken ein. Der Stoff stammte aus der Pustel des Armes einer Milchmagd, die sich bei den Kühen ihres Herrn angesteckt hatte, und wurde am 14. Mai 1796 mittels zweier seichter Hautschnitte, von* *denen jeder halb daumenbreit war, dem Arme des Knaben appliziert. Am 7. Tage klagte er über Schwere in der Achsel, am 9. Tage befiel ihn leichter Frost, er verlor den Appetit und hatte geringen Kopfschmerz. Während des ganzen Tages war er offensichtlich krank und verbrachte die Nächte in Unruhe, doch am nächsten Tage fühlte er sich wiederum wohl.«*[4]

Jenner erkannte die Vorzüge der Impfung mit Kuhpocken (Vakzination) gegenüber der Variolation: Es entstanden keine Pusteln und man musste nicht mit Verunstaltungen durch Narben rechnen. Tödliche Ausgänge waren bei der Kuhpockenimpfung nicht zu beobachten, und die Impflinge stellten keine Ansteckungsquelle dar.

Im Folgenden sei das Krankheitsbild, das wir heute nicht mehr erleben, kurz vorgestellt. Die Pocken (= Pustel, Tasche) oder Blattern (= Blase, lat. *variola*) sind eine Virusinfektionskrankheit. In typischen Fällen durchlief die Krankheit vier Stadien. Die Beginn erfolgte zumeist plötzlich mit Fieber, einem Frostschauer, Kopf-, Hals- und Rückenschmerzen, Übelkeit und Erbrechen. Als charakteristisches Merkmal wurde von den Ärzten ein unangenehmer, höchst widriger, aashafter Geruch aus dem Munde betrachtet. Im zweiten Stadium, dem Zeitpunkt des Ausbruchs, stieg das Fieber wieder staffelförmig zu seinem höchsten Grad an. Plötzlich brachen kleine runde, rote Flecke aus, zuerst im Gesicht, dann auf der Brust, an den Armen, am Unterleib, zuletzt an den Beinen. An jedem Flecken nahm man eine kleine Erhabenheit wahr. Diese nahm die Form eines Bläschens an, welches anfänglich klar war, sich aber bald trübte, nach und nach gelblich wurde und in der Mitte eine kleine Vertiefung bekam. Das dritte Stadium wurde in der Regel mit dem achten Krankheitstag erreicht: Im so genannten *Stadium suppurationis* gingen nach und nach alle diese Blattern in Eiterung über, begleitet von einem Fieber, dessen Ausmaß von der Zahl der Blattern abhing.

Etwa am 11. Tag folgte das Abtrocknungsstadium. Wiederum in derselben Reihenfolge, wie sie erschienen waren, trockneten nun die Blattern

---

4   Edward Jenner: *Untersuchungen über die Ursachen und Wirkungen der Kuhpocken* (1798), übers. von V. Fossel, in: "Klassiker der Medizin", Bd. 10, Leipzig 1911.

ein. Es bildeten sich kleine Schorfe oder Krusten, unter welchen sich der Eiter sammelte und hervorbrach. Am 14. Tag war die normal verlaufende Pockeninfektion überstanden. Jedoch zog sich die Ablösung des Schorfs manchmal bis zur sechsten Woche hin. Eine Sekundärinfektion der geplatzten Pusteln führt zu typischen Pockennarben, welche besonders das Gesicht auffällig zeichneten. Komplikationen waren Furunkel und Abszesse, Gelenkvereiterungen und Knochenmarkentzündung, Augenentzündungen und Mittelohrvereiterungen, welche oft zum Verlust des Sehvermögens bzw. zur Taubheit führten. Zudem konnten Krampfanfälle und Lähmungen, wenn das Zentralnervensystem betroffen war, oder tödliche Lungenentzündungen auftreten.

Pockenepidemien forderten viele Menschenleben und verursachten ungeheure soziale Umwälzungen. So wütete während der Eroberung und Zerstörung des Aztekenreiches durch die Spanier unter der Leitung von Hernán Cortés (1485-1547) – zwischen 1519 und 1521 – eine Pockenepidemie unter den Indios. Etwa ein Drittel der Gesamtbevölkerung von Mexiko starb an der Seuche, während die Eroberer gegen die Krankheit weitgehend immun waren. Von Mexiko aus griff die Epidemie auf das übrige Mittelamerika über und erfasste damit die am dichtesten besiedelten Gebiete des amerikanischen Kontinents.

Die Spanier brachten eine Reihe von Infektionskrankheiten nach Amerika, die dort bislang unbekannt waren. Bis zum Ende des 16. Jahrhunderts kam es zu zahlreichen eingeschleppten Epidemien: Neben den Pocken, die zu Beginn der spanischen Eroberung im Vordergrund standen, traten Typhus, Grippe (Influenza), Gelbfieber, Mumps, Masern und Cholera massenweise auf. Diese Krankheiten rotteten rund 90% der Urbevölkerung Lateinamerikas aus! Nach heutigen Schätzungen lebten von den ursprünglich etwa 25 Millionen Einwohnern Mexikos zum Zeitpunkt der Eroberung durch die Spanier (1521) 50 Jahre später nur noch etwa ein Zehntel. Zu Beginn des 17. Jahrhunderts waren es – auch außerhalb Mexikos (Gebiet des früheren Reiches der Azteken) – nur noch höchstens ein Zwanzigstel. Viel stärker noch als der bewusste Völkermord der Eroberer dezimierten also große Seuchenzüge die indigene Bevölkerung aufgrund mangelnder Immunität gegen Infektionskrankheiten wie Pocken, Typhus und Gelbfieber, die von den Europäern eingeschleppt wurden.

Die Pocken blieben aber auch in Europa ein Problem. Während des Deutsch-Französischen Krieges von 1870/71 brach eine Epidemie in Frankreich aus, die durch Soldaten auch nach Deutschland eingeschleppt wurde. Daraufhin starben 1871 in Preußen fast 60.000 Menschen an Pocken, 400.000 weitere erkrankten. Der praktische Erfolg der (Wieder-)Impfungen führte zum »Impfzwang« – gegen den erbitterten Widerstand der Impfgegner. Am 8. April 1874 trat der »Entwurf eines Gesetzes über den Impfzwang« unter der Überschrift »Impfgesetz« in Kraft. Demnach war im Deutschen Reich jedes Kind vor Ablauf des auf sein Geburtsjahr folgenden Kalenderjahres der Pockenschutzimpfung zu unterziehen, sofern es nicht ohnehin die Pocken überstanden hatte. Zudem musste jedes Schulkind innerhalb des 12. Lebensjahres geimpft werden, sofern es nicht in den vorausliegenden fünf Jahren die Pocken überstanden hatte oder erfolgreich geimpft worden war. Zwischen dem 6. und 8. Tag nach der Impfung waren die Kinder dem Arzt vorzustellen. Bei erfolgloser Impfung war diese spätestens im darauf folgenden Jahr zu wiederholen. Nur gesundheitlich stark gefährdete Kinder konnten von der Impfpflicht befreit werden.

Die Pockenerreger blieben jedoch noch für weitere 100 Jahre weltweit ein epidemische Gefahrenquelle. Die Weltgesundheitsorganisation (WHO) entwickelte 1958 ein Konzept für die weltweite Erforschung medizinischer Probleme (*WHO Medical Research Programme*). Internationale Kooperation und der Austausch von Forschergruppen sollten zur Verbesserung der öffentlichen Gesundheit vor allem in den Ländern der Dritten Welt beitragen. Die Bekämpfung der Infektionskrankheiten in den Entwicklungsländern – Pocken, Malaria, Cholera, Lepra, Gelbfieber, Trachom – spielte dabei eine herausragende Rolle. Besonders Indien war von den Pocken betroffen. 1970 beschlossen Indien und die WHO ein Programm zur Ausrottung der Pocken. Der bisherige gefriergetrocknete Impfstoff wurde durch einen Flüssigimpfstoff ersetzt. Mithilfe einer koordinierten Strategie der Überwachung, epidemiologischen Erforschung von Pockenausbrüchen und gezielten Interventionen konnten die Pocken allmählich zurückgedrängt werden. Mehr als 60.000 Personen waren zeitweilig an flächendeckenden Aktionen zum Aufspüren möglicher Pockenherde beteiligt. Der letzte Fall einer Pockenerkrankung in Indien wurde am 24. September 1975 offiziell registriert.

Am 26. Oktober 1979 erklärte die WHO die Pocken für ausgerottet, was am 8. Mai 1980 von der 33. *World Health Assembly* gefeiert wurde. Bis zu diesem Zeitpunkt sollen allein im 20. Jahrhundert schätzungsweise 300 Millionen Menschen den Pocken zum Opfer gefallen sein! Für diese einzigartig erfolgreiche Impfkampagne waren 2,4 Milliarden Impfungen durchgeführt worden und mehr als 200.000 Helfer hatten sich an ihr beteiligt. In der damaligen euphorischen Stimmung war der Optimismus groß, nach und nach auch die Erreger von anderen epidemisch auftretenden Infektionskrankheiten »ausrotten« zu können. Dies stellte sich jedoch bald als eine Illusion heraus.

Freilich ist die »Ausrottung« des Pockenvirus nicht vollständig gelungen: In einem US-amerikanischen und einem russischen Hochsicherheitslabor werden tiefgekühlte Pockenviren offiziell noch vorgehalten. Bis heute konnte man sich nicht darauf einigen, diese Restbestände zu vernichten. Um der möglichen Gefahr zu begegnen, dass durch einen Unfall oder Terroranschlag Pockenviren freigesetzt werden und eine Pandemie auslösen könnten, wurden in mehreren Staaten in der Zeit nach dem 11. September 2001 große Bestände von entsprechenden Impfstoffen angelegt, um im Falle eines Anschlags gerüstet zu sein.

Cholera, »Pest des 19. Jahrhunderts«

Im Mai 1831 erreichte von Russland kommend eine verheerende Cholera-Epidemie Ostpreußen und breitete sich bald darauf auch in Berlin, Lübeck und Hamburg aus. 1832 drang sie weiter nach Großbritannien, Frankreich und die Niederlande vor, wobei manche Regionen und Städte verschont blieben. So traten 1832 im Rheinland nur vereinzelte Herde auf, Bonn beispielsweise blieb gänzlich cholerafrei. Gleichwohl hatten Professoren der medizinischen Fakultät ein provisorisches Cholera-Hospital eingerichtet. 1835 erreichte die Epidemie Italien und von dort über Tirol auch Bayern. Sie herrschte zumeist zwei bis drei Monate lang, um in vielen Fällen ein Jahr später wieder aufzuflackern.

Ihren Ursprung nahm die Seuche in Indien. Die ersten Nachrichten gelangten 1817 nach Europa. Bis 1820 fielen ihr in Indien, Ceylon und Südasien etwa 3 Millionen Menschen zum Opfer. Die Cholera suchte vor allem die arme Bevölkerung in ihren unhygienischen Wohnvierteln heim. Bis dahin erschien es unwahrscheinlich, dass sie auch das reichere und kühlere Europa erreichen würde. Alle Quarantänemaßnahmen zu ihrer Eindämmung (das abzugrenzende Sperrgebiet wurde als *Cordon sanitaire* bezeichnet) konnten jedoch ihre Ausbreitung nach Westeuropa nicht aufhalten. Hektische Diskussionen über Ansteckungsgefahr, Abwehr und Therapie entbrannten, zahlreiche Aufklärungsbroschüren und Aufrufe an die Bevölkerung zirkulierten. So richtete beispielsweise der schwäbische Oberamtsarzt und Dichter Justinus Kerner 1831 ein »Sendschreiben an die Bürger des Oberamts Weinsberg«, um sie aufzuklären und ihnen Mut gegen den »asiatischen Würger« zu machen.

Eine »Instruktion für die Sanitätsbehörden« (Wien, 1830) schildert das dramatische Erscheinungsbild: *»Im Unterleibe wechseln Schmerzen und Hitze miteinander ab, und der Drang zum Stuhle nimmt immer zu, mit spar-*

samem oder gar keinem Urinieren. Der Durst wird unauslöschlich, wie dem heftigsten Verlangen nach kaltem Wasser, um das unerträgliche Brennen in der Magengegend einigermaßen zu lindern. Die Unruhe steigt in kurzen auf jenen Grad, dass die Kranken keinen Augenblick in derselben Lage verbleiben können. Der Mund wird trocken, die Zunge bläulich oder weiß und stammelnd. Bald darauf fangen die Extremitäten an kalt zu werden; es stellen sich anfangs Schmerzen und Reissen in denselben ein, welchen Zuckungen und heftige Krämpfe, besonders in den Fingern, Zehen und Waden folgen [...]. Die Augen werden gerötet, glasig, starr, sinken in ihre Höhlen ein, und sind mit einem dunklen Ringe umgeben. Das Gesicht des Kranken fällt ein, und drückt unter schnell zunehmender Schwäche und Hinfälligkeit die größte Traurigkeit aus.«[5]

Der heimtückische Brechdurchfall raffte allein in Preußen 1831 mehr als 32.000 Einwohner (von insgesamt rund 13 Millionen) dahin. Ohne Vorboten konnte auch der Gesündeste innerhalb weniger Stunden dem Tode geweiht sein. Das Sterben in den eigenen Exkrementen, die grausamen Schmerzen sowie das abstoßende Aussehen der Kranken machten die Cholera zu einer abstoßenden wie schrecklichen Krankheit. In verschiedener Version tauchten in Europa Gerüchte auf, wonach die Cholera Folge einer planmäßigen Vergiftung durch Ausländer sei. Stärker noch war jedoch das Misstrauen gegenüber den Ärzten und eigenen Regierungen, denen man unterstellte, sie wollten auf diese Weise die Armen dezimieren. So wurden Ärzte an manchen Orten tätlich angegriffen.

Bei der Seuchenbekämpfung spielten Dampfbäder, Dampfbetten und Räuchervorrichtungen eine besondere Rolle. Der Begründer der Homöopathie Samuel Hahnemann empfahl in einem Sendschreiben 1831 den Kampfer, der »die feinsten Thiere niederer Ordnung schon durch seinen Dunst tödtet und so das Cholera-Miasm [...] am schnellsten zu tödten und zu vernichten [...] imstande sein wird«. Es gab wohl kaum eine Heilmethode, die in der Not nicht angewandt worden wäre: Moxa (Brennkegel aus

---

5   Zit. n. Max Neuburger: *Die Wiener medizinische Schule im Vormärz*, Wien [...], 1921, S. 137.

getrocknetem Beifuß), Glüheisen oder siedendes Wasser auf die Magengegend, Aderlass, Laxantien (Abführmittel), Brechmittel, Auspeitschen mit
Brennnesseln, kalte Sturzbäder (Duschen) und anderes mehr. Auch die
moralische Aufrüstung kam in den Cholera-Schriften der Ärzte nicht zu
kurz. Die Bevölkerung wurde nicht nur zur Sauberkeit ermahnt, sondern
auch zum »Gottvertrauen«. Den Furchtsamen und Verzweifelnden treffe
die Seuche leicht, wer ihr dagegen mutig und fromm die Stirn zeige, können sich am besten vor ihr schützen, meinte der bereits erwähnte Justinus
Kerner. Die einzige zuverlässig und sofort wirksame Therapie der Cholera,
nämlich die Infusion zum Ausgleich des dramatischen Flüssigkeitsver-
lusts, wurde erst im 20. Jahrhundert möglich.

Als in London 1854 eine Cholera-Epidemie ausbrach, konnte der re-
nommierte Arzt John Snow durch eine epidemiologische Kartografie nachweisen, dass hierfür verunreinigtes Wasser aus einer Pumpe verantwortlich war. Durch deren Stilllegung konnte er die Seuche stoppen. Der von
ihm beauftragte Mikrobiologe Arthur Hill Hassall wies die Choleraerreger
im Wasser der Pumpanlage, im Abwassersystem und in Stuhlproben der
Erkrankten nach – 30 Jahre vor der Isolierung der Cholera-Bazillen in
Reinkultur durch Robert Koch.

Seit 1855 befasste sich der Münchner Arzt und Apotheker Max Pettenkofer (1818-1901) intensiv mit der Entstehung von Cholera und Typhus,
deren Verbreitung er der Qualität des Bodens und des Grundwassers zu-
schrieb. Er war überzeugt, dass die Cholera sich nicht über einen Fels-
oder Lehmuntergrund ausbreitet. Die Infektion habe drei Voraussetzun-
gen: Einen spezifischen Keim (»x«), einen feuchten, porösen Boden mit
verwesendem, organischem Material (»y«) und eine toxische Substanz
(»z«), die durch den Keim hervorgebracht werde, wenn er mit dem entsprechenden Boden in Berührung komme. Außerdem gäbe es eine indivi-
duelle Anfälligkeit für die Seuche. Entsprechend seiner Bodentheorie plä-
dierte Pettenkofer vor allem für die Reinhaltung von Boden, Wasser und
Luft. Ein entscheidender Faktor in der Seuchenprophylaxe sei sauberes
Trinkwasser:»Unter allen Umständen liegt es im Interesse der öffentli-

chen Gesundheit, auf möglichste Reinheit des Trinkwassers nicht bloß wegen bald vorübergehender Epidemien zu sehen, sondern überhaupt und zu allen Zeiten.«

Gegenüber dem Bakteriologen Robert Koch wird die wissenschaftliche Leistung des Hygienikers Max von Pettenkofers oft unterschätzt. Er war der große Wegbereiter der Hygiene als medizinisches Fach, der Wissenschaft von der Gesunderhaltung des Menschen und seiner Umwelt. Unter seiner Leitung wurde das erste universitäre Hygiene-Institut 1879 in München eröffnet.

Als in Hamburg 1892 eine verheerende Choleraepidemie ausbrach, wurde Robert Koch als Vertreter der Reichsregierung dorthin entsandt. Er erkannte, dass die Epidemie von verunreinigtem Trinkwasser verursacht wurde, das man aus der Elbe entnahm, und startete eine erfolgreiche Aufklärungs- und Desinfektionskampagne. Insgesamt waren fast 17.000 Menschen an Cholera erkrankt, 8.605 starben daran.[6]

In der Seuchengeschichte spielten ärztliche Selbstversuche mit tatsächlichen oder vermuteten Krankheitserregern eine wichtige Rolle. Dabei infizierten sich Ärzte bewusst, um die Wirkung des vermuteten Erregers am eigenen Leib zu erforschen. Manche kamen dabei ums Leben. In einem heroischen anmutenden Selbstversuch wollte nun Max von Pettenkofer die Harmlosigkeit des Cholerabazillus demonstrieren. Am Morgen des 7. Oktober 1892, zur Zeit der großen Cholera-Epidemien in Hamburg und Paris, trank er eine Aufschwemmung von frisch gezüchteten Cholera-Bazillen. Da er nicht erkrankte, fühlte er sich in seiner Theorie bestätigt. Inwieweit die Anekdote zutrifft, dass Robert Kochs Berliner Labor ihm bewusst eine schwache Kultur geschickt habe, weil man ahnte, was er damit vorhatte, sei dahingestellt.

Im 19. Jahrhundert waren die Cholera-Epidemien in Europa gefürchtet wie früher die Pest. Heute ist die Krankheit in manchen Ländern endemisch. Sie kann unter schlechten hygienischen Verhältnissen jederzeit

---

6   Zum Vergleich: An bzw. mit Covid-19 sind in Deutschland bisher – Stand: 16.09.2020 – insgesamt 9.368 Menschen gestorben (laut Robert Koch-Institut: COVID-19-Dashboard).

wieder aufflackern. So verhängte im Februar 1991 die peruanische Regierung in Lima den Notstand, nachdem innerhalb von zwei Wochen 5.500 Menschen an Cholera erkrankt waren. Der ersten Cholera-Epidemie in Lateinamerika seit fast 100 Jahren fielen in der Region um Lima zunächst 100 Menschen zum Opfer. Mitte Februar waren in Peru über 22.000 erkrankt, hauptsächlich verursacht durch verunreinigtes Trinkwasser und schlechte hygienische Lebensverhältnisse. Die Cholera breitete sich dann Anfang März 1991 nach Ecuador und Kolumbien aus und griff dann im April auch in Peru weiter um sich. Eine besonders schlimme Situation ergab sich im Jemen, wo im September 2016 eine Choleraepidemie ausbrach. Es wurden mehr als 1,7 Millionen Verdachtsfälle und ca. 3.400 Todesfälle gemeldet. Laut WHO ist die Cholera im Jemen Teil einer seit 1961 grassierenden Pandemie, die von der Weltöffentlichkeit wenig beachtet wird.

Es gibt noch weitere Seuchen, die ähnlich wie die Cholera bei schlechten hygienischen Verhältnissen – häufig im Zusammenhang mit Kriegen bzw. Bürgerkriegen – ausbrechen. Zumeist treten sie in der Geschichtsschreibung gegenüber den direkten Kriegsereignissen in den Hintergrund. Hierzu zählen die beiden bakteriellen Infektionskrankheiten Typhus (durch Salmonellen ausgelöst) und Fleckfieber (durch Ricketsien ausgelöst). Fleckfieber (»Kriegspest«, »Nervenfieber«, »Läusefieber«) war in desaströsen Situationen von kriegführenden Heeren gefürchtet. So starben auf dem Rückzug von Napoleons *Grande Armé* in Mainz 1813 ca. 15.000 französische Besatzer und ebenso viele Einheimische an Fleckfieber (»*Typhus de Mayence*«). Zwischen 1918 und 1922 sollen infolge von Krieg und Bürgerkrieg in Russland etwa 2,5 Millionen Menschen dem Fleckfieber zum Opfer gefallen sein. Auf die Problematik von Fleckfieber, Typhus, Gelbsucht und anderen Epidemien, mit denen die deutsche Wehrmacht während des Zweiten Weltkriegs an der Ostfront konfrontiert war, und den damit zusammenhängenden verbrecherischen Menschenversuchen im Nationalsozialismus kann an dieser Stelle nicht näher eingegangen werden.

Tuberkulose, »Schwindsucht«

Am 24. März 1882 gab Robert Koch in einer Sitzung der Berliner physiologischen Gesellschaft seine Entdeckung des Tuberkelbazillus (*Mycobacterium tuberculosis*) bekannt. Zu Recht nahm er für sich in Anspruch, den ersten vollkommenen Beweis für die »parasitische Natur« einer menschlichen Infektionskrankheit geführt zu haben. Er wurde durch diese Leistung mit einem Schlag weltberühmt. Die Tuberkulose war eines der größten Übel, von dem die Menschen seinerzeit bedroht waren. In der Altersgruppe zwischen 15 und 40 Jahren ging in Deutschland jeder zweite Todesfall und etwa ein Siebtel der Gesamtsterblichkeit auf das Konto dieser Krankheit. Kochs Entdeckung weckte Hoffnung auf Abhilfe. Bis 1882 herrschte keine Einigkeit über die Ursache und über die pathologische Abgrenzung der Tuberkulose. Man machte z. B. chronische Ernährungsstörungen verantwortlich. Der berühmte Pathologe Rudolf Virchow trennte sogar verschiedene Formen der Tuberkulose wieder als eigenständige Krankheitseinheiten ab und vertrat die Ansicht, Lungenentzündungen und Krebs könnten sich in Lungenschwindsucht umwandeln.

Angesichts seiner gewichtigen wissenschaftlichen Gegner musste Koch einen hieb- und stichfesten Beweis für seine Überzeugung vorbringen, dass es sich um eine Infektion handle. Er musste darlegen können, das Bazillen nicht nur eine notwendige, sondern auch eine hinreichende Ursache sind. Dabei hielt er sich an die von ihm selbst erarbeiteten Prinzipien, die später als »Koch'sche Postulate« zu einem Grundgesetz der bakteriologischen Forschung wurden: (1) Ein Mikroorganismus darf erst dann als Erreger einer Krankheit betrachtet werden, wenn er bei ihr konstant nachzuweisen ist, bei anderen Erkrankungen aber nicht; (2) er muss außerhalb des Organismus getrennt von anderen Bakterien gezüchtet werden können; (3) die Übertragung der Reinkultur muss bei Versuchstieren dieselbe Krankheit auslösen.

Die erste Schwierigkeit bestand darin, dass zunächst überhaupt kein Erreger im pathologischen Material erkennbar war. Der Zufall half. Eine überalterte und alkalisch gewordene konzentrierte Methylenblaulösung färbte eines Tages nach längerem Stehen auch die Bazillen an. Nach einem weiteren Färbeschritt mit Vesuvin hoben sich dünne Stäbchen kontrastierend vom umgebenden braunen Gewebe ab, viertel bis halb so lang wie ein rotes Blutkörperchen. Dieser Bazillus ließ sich regelmäßig und ausschließlich bei Tuberkulose nachweisen.

Aber dieses Zusammentreffen von Bazillus und Krankheit genügte noch nicht, einen ursächlichen Zusammenhang zu beweisen. Die Anzüchtung einer Kultur war das zweite Problem. Fast immer waren die Erreger mit anderen Bakterien vermischt, und sie vermengten sich in den üblichen Nährflüssigkeiten. Robert Koch vervollkommnete 1881 seine Züchtungsmethodik durch die Entwicklung einer besonderen Technik, eines speziellen Plattenkulturverfahrens. Durch Zusatz von Gelatine zum Serum produzierte er erstarrende, durchsichtige Nährböden, auf welchen die Bakterienkolonien voneinander isoliert blieben. Zur Gewinnung der infizierten Proben verwendete Koch vorher ausgeglühte Instrumente. Mit Platindrähten übertrug er das Material auf die Nährböden und bebrütete es wochenlang bei 37 bis 38 Grad Celsius. Dann impfte er von Tier zu Tier und konnte immer wieder eine typische Miliartuberkulose (über den ganzen Körper verbreitete Tuberkulose mit hirsekorngroßen Knötchen in allen Organen) feststellen, die sich klar von spontanen Tuberkulosefällen unterscheiden ließ. Alle Postulate waren damit erfüllt. Nach Kochs Entdeckung konnten Lungenschwindsucht, Darm-, Drüsen- und Gelenktuberkulose einwandfrei als eine einheitliche Infektion mit Tuberkelbazillen bestätigt werden. Der *Lupus vulgaris*, den man vorher nicht mit der Krankheit in Verbindung brachte, wurde auf diese Weise als Hauttuberkulose identifiziert.

Die Hoffnung auf Eindämmung der Krankheit beruhte einerseits auf der neuen diagnostischen Möglichkeit, durch Nachweis von Tuberkelbazillen frühzeitig, also schon vor einer klinischen Auffälligkeit, die Erkrankten erkennen und isolieren zu können, andererseits auf der Erkenntnis, dass der Erreger ganz überwiegend nur von Organismus zu Organismus übertragen wird. Dem Sputum (Auswurf) von Schwindsüchtigen schrieb Koch eine Hauptrolle bei der Verbreitung der Krankheit zu. Demzufolge propagierte er dessen Desinfektion, um den größten Teil des Infektionsstoffes zu beseitigen. 1890 meinte Robert Koch, einen Impfstoff (»Koch'sche Lymphe«) gegen Tuberkulose gefunden zu haben, das er später »Tuberkulin« nannte. Dies stellte sich als Irrtum heraus. Allerdings konnte nun mit der »Tuberkulinreaktion« auf eine frühere oder aktuelle Tuberkulose-Infektion getestet werden, ein bis heute wichtiges Verfahren.

An dieser Stelle sei das Krankheitsbild der »Schwindsucht« kurz umrissen. Die Tuberkulose (von lat. *tuberculum* = kleiner Höcker, Knötchen, abgekürzt Tb) ist eine schubweise verlaufende Infektionskrankheit, die durch den Tuberkelbazillus hervorgerufen wird. Die Übertragung erfolgt vor allem durch die Einatmung infektiöser Tröpfchen oder Staubpartikel, kann aber auch über Mund oder Hautwunden geschehen. Je nach Sitz des primären Infektionsherdes unterscheidet man die Lungentuberkulose von anderen Formen der Krankheit (extrapulmonale Tb). Insbesondere ist hier die Darmtuberkulose zu nennen, die durch das Trinken infizierter Kuhmilch oder durch das Schlucken von Schleim bei bereits bestehender Lungentuberkulose hervorgerufen werden kann. Als Folge der Lungentuberkulose können auch Teile des Skeletts (Knochen-Tb) oder des urogenitalen Organsystems (z. B. Nieren- oder Hoden-Tb) von der Infektion befallen werden. Eine bekannte Sonderform – bereits im Hohen Mittelalter sehr beachtet – ist die Skrofulose (von lat. *scrofula* = Ferkel), die sich vor allem bei tuberkulösen Kindern mit geschwollenen Lymphdrüsen im Gesichts- und Halsbereich (*facies scrofulosa*) bemerkbar macht.

Bei der Therapie der Tuberkulose erlangten im ausgehenden 19. Jahrhundert Lungenheilanstalten eine besondere Bedeutung. Vorläufer war das erste Sanatorium in Görbersdorf (heute Sokołowsko) am Riesengebirge, das Hermann Bremer 1859 mit der Zielsetzung der »Luftkur« gegründet hatte. Sein Assistent Peter Dettweiler eröffnete 1867 in Falkenstein (Taunus) ein Sanatorium in 400 Metern Höhe, in dem er die »Liegekur« einführte. Anfang der 1880er Jahre wurden besondere Einrichtungen für die Freiluftliegekur geschaffen, unter anderem Terrassen- und Liegehallen. Die Liegekur konnte nun unabhängig von Jahreszeit und Witterung durchgeführt werden. Auf Initiative des 1849 aus Baden geflohenen Freiheitskämpfers und Arztes Alexander Spengler (1827-1901) wurden ab 1865 Tuberkulosekranke in Davos behandelt, das sich zu einem bedeutenden Lungenkurort entwickelte. Den Nimbus dieses Ortes schilderte Thomas Mann grandios in seinem Roman *Der Zauberberg* (1924).

Mangelernährung und schlechte Lebensverhältnisse machen Menschen vor allem in Kriegs- und Nachkriegszeiten für die Tuberkulose anfällig. So waren gegen Ende des Ersten Weltkriegs die massiven Gesundheitsschäden der Zivilbevölkerung unübersehbar: Bei mittelschwerer Arbeit konnte 1918 im Durchschnitt nur noch die Hälfte des tatsächlichen Kalorienbedarfs durch Lebensmittelrationen und zusätzlichen Schwarzmarkthandel gedeckt werden. Dadurch kam es massenweise zu Mangelerscheinungen und zunehmender Krankheitshäufigkeit infolge der Unterernährung. So nahm in Deutschland wie in den anderen betroffenen Ländern Europas die Zahl der Tuberkulosekranken zu. Vor allem Kinder waren die Leidtragenden. Insgesamt hatte sich die Zahl der Tuberkulosekranken im Deutschen Reich bei Kriegsende gegenüber den Vorkriegsjahren verdreifacht. Die stetige Abnahme der Todesfälle bei Tuberkulose seit Entdeckung des Tuberkelbazillus durch Robert Koch wurde durch die Hungersnot im Ersten Weltkrieg – ebenso wie durch die wirtschaftliche Not 1923 – jäh unterbrochen. Während 1914 etwa 14 Todesfälle an Tuberkulose auf 10.000 Einwohner gezählt wurden, waren es 1918 bereits 23 – eine große Herausforderung für Gesundheitspolitik und Sozialhygiene.

Ähnliches sollte auch für die Zeit nach dem Zweiten Weltkrieg gelten. Auch da breiteten sich wegen der katastrophalen Lebens- und Wohnverhältnisse in den zerbombten Städten bestimmte Infektionskrankheiten aus. Der rasante Anstieg der Tuberkulosefälle stellte ein großes Problem da. Vor allem Kinder waren betroffen; so war die Sterbezahl der Kinder mit Tuberkulose auf das Doppelte gestiegen.

Die *New York Times* charakterisierte diese Situation im April 1947 folgendermaßen: *»Zum ersten Mal seit einem Jahrhundert ist die Tuberkulose jetzt Europas Mörder Nr. 1. Sie hat die ihr gesetzten Schranken durchbrochen und ist zu einer tödlichen Bedrohung für die Gesamtbevölkerung geworden. Die Ansteckungsquellen haben sich vervielfacht. [...] Höchste Gefahr ist im Anzug, energische Hilfe geboten.«*[7] Die Tuberkulosesterblichkeit stieg auch in anderen vom Krieg unmittelbar betroffenen Ländern. In den USA dagegen sank sie weiterhin kontinuierlich, da für die Bevölkerung keine größeren Störungen der Lebensverhältnisse eintraten.

Die Tuberkulose zählte im ausgehenden 19. und frühen 20. Jahrhundert zu den größten Volkskrankheiten. Dementsprechend spielte die zeitgenössische Tuberkulosefürsorge eine große Rolle. Armenärzte in den Großstädten gründeten Wohlfahrtsvereine, die sich den Volkskrankheiten und ihrer sozialen Problematik widmeten. Keine andere Infektionskrankheit hat weltweit gesundheits- und sozialpolitisch bis heute eine vergleichbar intensive Beachtung gefunden wie die Tuberkulose. Heute fällt sie zahlenmäßig in Deutschland kaum ins Gewicht, obwohl die Antibiotikaresistenzen ein schweres Hindernis für die Therapie darstellen. Weltweit jedoch gilt die Tuberkulose als »tödlichste« Infektionskrankheit. Nach Angaben der WHO wurden 2015 weltweit 10,4 Millionen Neuinfektionen und 1,8 Millionen Todesfälle gemeldet. Eine Immunschwäche macht für Tuberkulose anfällig, weswegen sie häufig in Kombination mit AIDS vorkommt, was besonders in afrikanischen Ländern verheerende Folgen hat.

---

7   Zit. n. Heinz Schott: *Die Chronik der Medizin*, Dortmund 1993, S. 480.

Influenza, »echte Grippe«

Als verheerende Pandemie erreichte die so genannte Spanische Grippe im Juli 1918 auch das Deutsche Reich. In den verschiedenen Ländern erfasste sie 15 bis 50 % der Bevölkerung. Man vermutete später, dass der Erreger, ein Influenza-Virus, eine Mutation durchgemacht hatte, da die Symptomatik schwerer war und die Sterblichkeit wesentlich höher lag als bei vorausgegangenen Grippewellen: Etwa ein Prozent der Erkrankten fiel ihr zum Opfer. Vor allem Erwachsene zwischen 20 und 45 Jahren waren betroffen. In drei Pandemie-Wellen zwischen 1918 und 1920 fielen der Seuche viele Millionen Menschen zum Opfer – die Schätzungen bewegen sich zwischen 20 und 50 Millionen Grippetoten. Diese Zahl war damit jedenfalls höher als die der Kriegstoten im Ersten Weltkrieg insgesamt. Die Ärzte standen der Pandemie völlig hilflos gegenüber. Die Behörden wurden handlungsunfähig. Öffentliche Einrichtungen wie Kirchen und Theater blieben geschlossen. Unbeerdigt lagen Leichen in verlassenen Wohnungen. Sogar die Kampfhandlungen an der Front gerieten ins Stocken. Gesteigert wurden die Schrecken der Bevölkerung dadurch, das zur gleichen Zeit Epidemien von Kinderlähmung und australischer Enzephalitis (infektiöse Gehirnentzündung) ausbrachen.

Die Grippe (Influenza) tritt seit Jahrhunderten periodisch immer wieder epidemisch auf. Ihr Erscheinungsbild ist nicht gleichförmig, weil – wie man heute weiß – die Eigenschaften des Virus und ebenso die Immunitätslage der Bevölkerung sich ständig wandeln. Frühere Beschreibungen lassen nicht immer eine sichere Diagnose zu, z. B. war möglicherweise der in mehreren Seuchenzügen auftretende »Englische Schweiß« (*sudor anglicus*) im 16. Jahrhundert eine Grippe-Epidemie. Der Name »Influenza« (von lat. *influere* = einfließen) geht auf die astrologische Vorstellung zurück, dass der (schädigende) Einfluss der Sterne die Ursache sei. Die Spanische

Grippe zwischen 1918 und 1920 begann plötzlich mit hohem Fieber, wobei Kopf- und Gliederschmerzen, Frostgefühl und Husten im Vordergrund der Symptome standen. Sie dauerten nur wenige Tage. Oft folgten aber Schwäche, Ermüdung und Depressionen. Charakteristisch war die Häufung von schweren Komplikationen, besonders von Lungenentzündungen und Erkrankungen des Zentralnervensystems.

Die Spanische Grippe ist ein Musterbeispiel für die Verquickung einer Seuche mit Krieg und Propaganda. Sie verdankt ihren international gebräuchlichen Namen (engl. *Spanish flu*, franz. *grippe espagnol*) dem Umstand, dass die in den Ersten Weltkrieg verwickelten Länder aus strategischen Gründen die Informationen über die Ausbreitung der Influenza unterdrückten, während die spanischen Behörden die verheerenden Opferzahlen offiziell mitteilten. So konnte der Eindruck entstehen, es handle sich um eine auf Spanien begrenzte Epidemie, weswegen ab Ende Juni 1918 der Terminus »Spanische Grippe« international gebräuchlich wurde. Die Pandemie grassierte just während des größten Kriegselends im Herbst 1918, kurz vor und kurz nach Ende der Kampfhandlungen. Betroffen waren nicht nur Soldaten, sondern auch weite Teile der Zivilbevölkerung. Das Zusammenfallen der Pandemie mit der gesundheitlichen, sozialen und moralischen Verwerfungen der »Urkatastrophe«, wie der Erste Weltkrieg später bezeichnet werden sollte, führte dazu, dass die Seuche vom überwältigenden Kriegsereignis in den Schatten gestellt und gegenüber Letzterem viel weniger beachtet wurde. Die Menschen waren auf den Krieg und seine unmittelbaren Folgen fixiert, die alle Aufmerksamkeit auf sich zogen und den öffentlichen Diskurs bestimmten. Man hatte den militärischen Feind, feindliche Nationen im Auge und nicht den gemeinsamen biologischen Feind, den man international zu bekämpfen gehabt hätte.

Jährlich wiederkehrende Grippewellen (»saisonale Grippe«) gehören zur Normalität in Medizin und Gesundheitswesen. Schutzimpfungen im Herbst, die auf die jeweils vorherrschenden Influenza-Virustypen abgestimmt sind, werden in großem Umfang vor allem bei gefährdeten Personen verabreicht. Wegen der Mutationsfreudigkeit des Virus ist jedoch der

Impfschutz immer mit einer gewissen Unsicherheit behaftet. Die Tatsache, dass nach der Spanischen Grippe vor 100 Jahren im 20. Jahrhundert noch weitere Influenza-Pandemien aufgetreten sind, ist heute weithin vergessen. Die beiden wichtigsten seien kurz erwähnt. Der Asiatischen Grippe von 1957/58 fielen weltweit schätzungsweise bis zu zwei Millionen Menschen zum Opfer, in Deutschland waren es insgesamt rund 50.000 Menschen. Trotz dieser eindrucksvollen Zahlen kam es zu keinen umfassenden Notfallmaßnahmen. Das öffentliche Leben ging ohne gravierende Eingriffe weiter. Es handelte sich um eine »Pandemie ohne Drama«, wie sie der Anästhesiologe und Medizinhistoriker Wilfried Witte charakterisierte.[8]

Die zweite große Influenza-Pandemie nach der Spanischen Grippe ereignete sich zwischen 1968 und 1970. Sie brach im Sommer 1968 in Hongkong aus und ging als Hongkong-Grippe in die Seuchengeschichte ein. Sie forderte weltweit und auch in Deutschland schätzungsweise eine ähnlich hohe Zahl an Todesopfern wie die Asiatische Grippe. Auch diese Pandemie löste in der Öffentlichkeit keine größere Unruhe aus, geschweige denn Panikreaktionen. Ich studierte seinerzeit Medizin an der TU München und absolvierte 1968/69 ein Auslandsstudium in Glasgow (Schottland). Ich kann mich nicht daran erinnern, dass die Hongkong-Grippe an der Universität oder im Privatleben jemals Gesprächsthema gewesen wäre. Mein Alltag lief von der Pandemie unberührt weiter – ohne verordnete Hygiene-Regeln und Gesichtsmasken. Für alle drei genannten Influenza-Pandemien wird übrigens China als Ursprungsort vermutet.

AIDS, *Acquired Immune Deficiency Syndrome*

Vom Frühjahr 1979 bis März 1981 wurden in drei New Yorker Krankenhäusern mindestens acht Fälle einer besonders aggressiven Form

---

8   www.jstor.org/stable/24573270 (16.09.2020)

von Kaposi-Sarkom diagnostiziert (vier Patienten waren zu diesem Zeitpunkt bereits verstorben). Der Krankheitsverlauf passte nicht in das übliche Bild einer chronischen, relativ gutartigen Hautgeschwulst, die vorwiegend Männer orientalischer oder schwarzafrikanischer Herkunft jenseits des 50. Lebensjahres betrifft. In New York dagegen waren junge weiße Homosexuelle erkrankt. Im April 1981 wurde in San Francisco die erste Diagnose eines Kaposi-Sarkoms bei einem Patienten mit *Pneumocystis-carinii*-Pneumonie (PCP) gestellt. Die von dem behandelnden Arzt John Gullet an die US-amerikanische Behörde für die gesundheitliche Überwachung *Centers for Disease Control* (CDC) gerichtete Meldung blieb zunächst unbeachtet. Im Lauf des Jahres registrierte der Dermatologe Marc Connant weitere Fälle von Kaposi-Sarkom bei Homosexuellen in San Francisco. Der Arzt M. S. Gottlieb (Los Angeles) veröffentlichte zusammen mit mehreren Kollegen einen vorläufigen Bericht über vier junge homosexuelle Männer mit einer PCP, bei denen zuvor kein Immundefekt bekannt war.

Am 5. Juni 1981 wurden in den USA die ersten Fälle der später als AIDS bezeichneten erworbenen Immunschwäche offiziell bekannt gegeben. Das CDC berichtete von einer ungewöhnlichen Lungenentzündung, der PCP, die sonst nur bei Patienten im Endstadium schwerer Erkrankungen oder mit angeborenem Immunmangel beobachtet wurde. Im November 1981 zählten die US-amerikanischen Gesundheitsbehörden bereits 159 Fälle, zu Beginn 1982 mehr als 200. Ausgehend von homosexuellen Zirkeln in New York, Los Angeles und San Francisco breitete sich die Seuche in 15 Staaten aus. Epidemiologische Studien konnten die Ansteckungswege im Einzelnen rekonstruieren. Ende 1981 wurden in New York auch erste Fälle von tödlicher PCP bei Heterosexuellen bekannt, darunter erstmals bei einer Frau. Diese Personen waren alle heroinabhängig (»Fixer«). Zum ersten Mal vermuteten Ärzte, dass sich die Erreger der rätselhaften Krankheit analog dem Hepatitis-B-Virus verhalte, das auf dem Blutweg (etwa durch verunreinigte Injektionsnadeln oder Geschlechtsverkehr) übertragen werden kann.

Zu diesem Zeitpunkt hatte die neue Krankheit noch immer keine wissenschaftliche Bezeichnung. Zeitungen sprachen von »*gay cancer*« (Schwulenkrebs), »*gay pneumonia*« (Schwulenpneumonie) oder auch »*gay plague*« (Schwulenpest). In der wissenschaftlichen Literatur war analog hierzu zunächst von GRID (*gay related immunodeficiency disease*) die Rede, bis schließlich im Herbst 1982 der neutrale Begriff AIDS (*acquired immune deficiency syndrome* = erworbenes Immunschwächesyndrom) geprägt wurde. Diese Bezeichnung setzte sich ab 1983 in der Wissenschaft durch.

Die Virologen Luc Montagnier (Frankreich) und Robert Gallo (USA) konnten 1983 das HIV (*human immune deficiency virus*) als Ursache der AIDS-Erkrankung nachweisen. Die Viren in den Körperflüssigkeiten des Infizierten (Blut, Sperma, Tränen, Speichel) werden durch direkten Kontakt (Geschlechtsverkehr, infizierte Blutkonserven, verunreinigte Injektionsnadeln, Eindringen durch verletzte Haut- oder Schleimhautstellen) übertragen. Die verschiedenen »HIV-assoziierten Erkrankungen« können sich als akute Infektion mit grippeähnlichen Symptomen zeigen, asymptomatisch verlaufen oder sich als generalisierte Lymphadenopathie (Lymphknotenschwellungen) zeigen, ehe es zum Endstadium der manifesten Krankheit (AIDS) mit den klinischen Komplikationen der Immunschwäche kommt.

Beginn und Ursprung der AIDS-Epidemie lagen zunächst im Dunkeln und gaben Anlass zu zahlreichen Hypothesen. Vermutungen, wonach die Seuche bereits in der Antike, in der Renaissance (eingeschleppt von den Spaniern aus Lateinamerika) oder im 19. Jahrhundert (Beschreibung eines Hautsarkoms durch den Wiener Arzt Moritz Kaposi 1872) aufgetreten sei, ließen sich nicht beweisen. Es galt als wahrscheinlicher, dass AIDS – im Hinblick auf das gehäufte Vorkommen des Kaposi-Sarkoms in Belgisch-Kongo (Zaire) Mitte des 20. Jahrhunderts – seinen Ursprung in Zentralafrika hat und von dort durch infizierte Gastarbeiter über Haiti nach Mittel- und Nordamerika sowie Europa eingeschleppt wurde. Klinisch dokumentierte Einzelfälle, welche eine AIDS-Erkrankung vermuten lassen, reichen in Europa bis 1959 zurück, als ein britischer Seemann mit AIDS-Symptomen trotz intensiver Behandlung starb. 1976 wurde in Köln ein ziemlich eindeutiger Fall beschrieben. In den Vereinigten Staaten konnte der Beginn der neuartigen Epidemie durch rückblickende Studien bis 1978 zurückverfolgt werden.

Der drastische Anstieg der Zahl von AIDS-Erkrankten vor allem in den USA und Westeuropa entfachte die Diskussion über die Chancen zur Bekämpfung der Seuche, Möglichkeiten der Vorbeugung und Impfung sowie die sozialen Folgen der Krankheit. Zunächst schien die als »Schwulenpest« diffamierte Krankheit nur gesellschaftliche Randgruppen zu betreffen. Mit der sozialen Ächtung der AIDS-Befallenen war das traditionelle Vorurteil verknüpft, wonach Krankheit als Strafe für ein sündhaftes Leben zu gelten habe, für das der Einzelne letztlich selbst verantwortlich sei. Nachdem immer deutlicher wurde, dass AIDS nicht auf Randgruppen beschränkt, sondern potenziell jede Person von der Infektion bedroht war, entbrannte Mitte der 1980er Jahre in den USA und Europa eine heftige Debatte über die richtige Strategie der AIDS-Bekämpfung. Panikmache auf der einen und Verharmlosung auf der anderen Seite führten zu fragwürdigen Vorschlägen. Während die einen HIV-Zwangstests für Risikogruppen und gegebenenfalls strikte Isolierungsmaßnahmen vorsahen, bestanden die anderen auf einer anonymen Durchführung der Tests und beschäftigten sich sogar mit der Frage, ob ein Krankenhauspatient, dessen Blut auch auf den AIDS-Virus HIV getestet worden war, über ein positives Resultat überhaupt aufgeklärt werden dürfe.

Zwar wurde 1983 mit dem HIV der Erreger der Krankheit entdeckt, aber ein Heilmittel war damit noch ebenso wenig wie ein Impfstoff gefunden. Die Abwehrmaßnahmen konzentrierten sich deshalb auf breit angelegte hygienische Aufklärungskampagnen, die sich insbesondere auf Sexualpraktiken bezogen (u. a. *safer sex* mit Kondomen). Besonders schwer war von Anfang an Schwarzafrika betroffen, wo um 1990 mehr als ein Prozent der Bevölkerung zwischen 10 und 49 Jahren mit dem Virus infiziert war. In Uganda waren sogar zwischen 10 % und 20 % der Erwachsenen HIV-positiv und mehr als ein Viertel der getesteten Schwangeren infiziert. Neben den schlechten hygienischen Verhältnissen begünstigten kulturelle Eigenheiten und das traditionelle Sexualverhalten die Ausbreitung der Seuche. Im Gegensatz zu Europa und Nordamerika, wo bislang vor allem die Risikogruppen betroffen waren, erfasste AIDS in Afrika die gesamte Bevölkerung. Besonders gravierend war die fatale Wechselwirkung zwischen AIDS und anderen Infektionskrankheiten wie Malaria und Tuberkulose, die bei HIV-positiven Menschen häufiger zum Ausbruch kommen.

Trotz intensivster Forschungen ist es auch nach rund vier Jahrzehnten der AIDS-Epidemie nicht gelungen, einen Impfstoff zu produzieren. Allerdings konnten Medikamente mit antiretroviralen Wirkstoffen entwickelt werden, die in einer Kombinationstherapie nach sehr spezifischen Leitlinien verabreicht werden und die Viren zwar nicht völlig ausschalten, aber ihre Vermehrung doch in Schach halten können.

Trotz der Fortschritte in Diagnostik und Therapie hat sich in afrikanischen Ländern südlich der Sahara inzwischen eine bedrohliche Pandemie ausgebreitet. Schätzungsweise rund 25 Millionen Menschen leben derzeit dort mit einer HIV-Infektion; 2016 starben etwa 730.000 in der Region an AIDS. Eine antiretrovirale Therapie ist nur bei einem Teil der Menschen möglich, da sehr viele nichts von ihrer Infektion wissen.

Corona-Krise — Eine Ansteckung der Welt

Zwischen Weiberfastnacht und Rosenmontag erreicht der rheinische Karneval seinen fiebrigen Höhepunkt. Das war auch im denkwürdigen Jahr 2020 der Fall. So zogen in Bonn die Karnevalswagen der Traditionsvereine und die Kompanien des Fußvolks im Rosenmontagszug mit Pauken und Trompeten am Alten Rathaus vorbei. Auf der berühmten Rathaustreppe begrüßte der Oberbürgermeister mit Narrenkappe die Durchmarschierenden und Durchfahrenden im Wechsel mit einem kommentierenden Redakteur des General-Anzeigers. Ihre wohlgemuten Botschaften schallten durch die Lautsprecher. Ich sah mir das alljährliche Ritual am Laptop an, der professionelle Livestream ließ nichts zu wünschen übrig. Das war am 24. Februar 2020. Zu dieser Zeit gingen schon längst die Schreckensbilder aus Wuhan um die Welt: wie leergefegte Straßen, Ordnungskräfte in Schutzanzügen, verriegelte Wohnungen, auf dem Boden liegende Seuchenopfer. Mit Erstaunen vernahm man die Nachricht, dass Millionen Menschen unter strenge Quarantäne gestellt worden seien. Aber China erschien beruhigend weit weg, und überhaupt komme ein so rigides Seuchenregime für die freiheitlich-demokratischen Gesellschaften des Westens nicht in Frage, war allenthalben zu hören. Mitte März, etwa zwei Wochen nach Aschermittwoch, war die Ernüchterung groß. Das »chinesische« oder »Wuhan-Virus« war nicht dort geblieben, wo es zuerst aufgetaucht war, sondern hatte sich über viele Länder verbreitet und war auch nach Deutschland eingedrungen. Man machte sich Sorgen, war aber doch guter Dinge, dass man seine Verbreitung eindämmen und es letztlich fernhalten könne.

Dann kam am 9. März der »Schwarze Montag«, und auch den vielen Menschen ohne Aktien und Wertpapieren wurde schlagartig klar, was auf dem Spiel stand. Es ging eben nicht nur um ein gefährliches Virus, das gerade auf bestem Wege war, eine Pandemie auszulösen, sondern um die bisherige soziale und wirtschaftliche Ordnung schlechthin. Ich spürte eine unheimliche Anspannung in mir, wie ich sie zuvor nie erfahren hatte. So mussten wohl jene empfunden haben, die vom Ausbruch des Krieges überrascht wurden und um ihre Heimat, ihre Familie, ihr eigenes Haus bangten.

Es geht gerade etwas zu Bruch, das unser bisheriges Leben ausmacht, dachte ich. Und tatsächlich ging auch etwas in mir zu Bruch. Ich stieg einige Tag später geistesabwesend von einem mir nicht vertrauten Fahrrad mit hohem Einstieg ab, blieb an demselben hängen, kippte auf die linke Seite und stürzte auf den asphaltierten Weg. Wie sich herausstellte, hatte ich mir den fünften Mittelfußknochen links gebrochen, eine typische »Jones-Fraktur«, wie der Radiologe feststellte. Auf diesen denkwürdigen Zusammen-Bruch komme ich noch einmal zurück. Zunächst aber möchte ich das oben skizzierte Panorama der Seuchen im Hinblick auf die neuartige Corona-Pandemie reflektieren.

Covid-19 und die Physiognomie von Seuchen

Alle Infektionserreger, die im Laufe der Geschichte zu Epidemien oder Pandemien geführt haben, sind auch heute noch »am Leben«. Tatsächlich »ausgerottet« ist kein einziger, selbst das Pockenvirus existiert noch in (hoffentlich sicheren) Hochsicherheitslabors weiter. Seuchen haben einen Ursprung, suchen ihre Verbreitungswege, erreichen einen Höhepunkt und offenbaren dabei ihr charakteristisches Gesicht: eine Fratze des Schreckens und Siechtums. Wie haben wir nun die Corona-Pandemie einzuordnen? Ein vergleichender Blick in die Seuchengeschichte zeigt ihre Eigenart eher *ex negativo*, als dass sich ins Auge fallende Ähnlichkeiten mit früheren Epidemien finden ließen. Das wäre im Einzelnen zu zeigen.

Die *Lepra* mit ihrer jahre- und mitunter jahrzentelangen Inkubationszeit und ihren typischen irreversiblen Verstümmelungen bietet ein manifestes Kontrastbild zu Covid-19. Eine akute, leicht übertragbare Infektionskrankheit hat mit einer chronischen Krankheit, die eine lebenslange körperliche Entstellung bzw. Behinderung zur Folge hat, wenig gemein. Allerdings gibt es *eine* Gemeinsamkeit: Beide Infektionskrankheiten sind übertragbar und die Abwehrmaßnahmen bestehen aus einer Separierung der Erkrankten von der übrigen Gesellschaft sowie einem Regime der Kontaktvermeidung bzw. strikter Schutzmaßnahmen bei Kontaktaufnahme.

Die *Pest* war keineswegs auf das »große Sterben« in der Mitte des 14. Jahrhunderts beschränkt. Bis Anfang des 18. Jahrhunderts wurde Europa von immer wiederkehrenden Pestzügen heimgesucht. Die stets drohende Seuchengefahr prägte das Alltagsleben und schuf ein Bewusstsein für die Hinfälligkeit des Lebens schlechthin. Das plötzliche massenweise Sterben in den Städten, die Leichenberge, die beseitigt werden mussten, der Abtransport von Pestkranken in spezielle Spitäler (»Pesthäuser«), prophylaktische Quarantäne-Maßnahmen, der pestilenzialische Gestank, den die Kranken verbreiteten, prägte sich im kollektiven Gedächtnis ein. Die ökonomischen, kulturellen und religiösen Folgen waren, abgesehen von den medizinischen und gesundheitspolitischen, enorm. Spiegelt dieses umwälzende Geschehen der Pest nicht das der Corona-Pandemie wider, was gegenwärtige Debatten manchmal nahelegen? Nach meinem Eindruck: keineswegs. Trotz der dramatischen Bilder aus Wuhan, Norditalien und New York konnte von Leichenbergen in den allermeisten Städten – zumindest in Deutschland – nicht die Rede sein. Soweit ich im Kollegen- und Bekanntenkreis um mich schaue, ist niemand an (oder mit) Covid-19 gestorben. Auch die so genannte Übersterblichkeit ist zumindest hierzulande im Vergleich zu Pestzügen in früheren Jahrhunderten kaum der Rede wert. Es fällt auf, dass im heutigen Kulturleben kaum mehr emotionale Reaktionen im Kollektiv ausgelebt werden (können), die auch nur annähernd mit jenen Massenbewegungen vergleichbar wären, welche die Pest seinerzeit auslöste. Vielleicht auch deshalb, weil trotz aller Pandemie-Ängste der Todeshammer nicht mit voller Wucht zugeschlagen hat. So wenig vergleichbar die medizinischen und gesundheitspolitischen Folgen der Pest mit denen der Corona-Pandemie in der gegenwärtigen Lage auch sein mögen – politökonomische Umwälzungen, gewissermaßen die Neuordnung der Welt, wie sie durch die Pest bewirkt wurden, könnten – freilich in moderner Form – auch nach der Corona-Krise eintreten. Dies kann niemand vorhersagen.

Wie steht es mit der *Syphilis* oder »Franzosenkrankheit«, wie sie in Deutschland seit ihrem Auftauchen in der Renaissance genannt wurde? Sie hatte durchaus die Qualität einer Pandemie. Sie verbreitete sich in kurzer Zeit global, vor allem in Verbindung mit Kriegszügen. Als »Geschlechtskrankheit« wurde sie besonders durch Geschlechtsverkehr übertragen, wobei Promiskuität und Prostitution entscheidend zu ihrer Ausbreitung beitrugen. Die Spätfolgen (progressive Paralyse, *Tabes dorsalis*), die erst Ende des 19. Jahrhunderts als vom Syphilis-Erreger hervorgerufen erkannt wurden, hatten seinerzeit ein ungeheures Ausmaß erlangt. Der Unterschied zu Covid-19 liegt auf der Hand: insbesondere der sehr spezielle Übertragungsweg, die gravierenden Spätfolgen bei Nichtbehandlung, die effektive antibiotische Therapie. So hat die Syphilis heute trotz ihrer weltweiten Verbreitung nicht mehr die Qualität einer bedrohlichen Pandemie.

Die *Pocken* haben die Menschheit wahrscheinlich heimgesucht, seit es Menschen gibt. Sie gehören zu den gefährlichsten und tödlichsten Infektionskrankheiten, die ein Massensterben verursachen, weswegen ihr potenzieller Einsatz als biologische Waffe überaus gefürchtet ist. Zu den verheerendsten Seuchenzügen gehört die Pockenepidemie nach der »Entdeckung« und Eroberung Amerikas durch die Europäer, welche die indigene

Bevölkerung dezimierte. Ende des 18. Jahrhunderts starben in Europa etwa 10 Prozent der Kleinkinder an »Kindsblattern«. Vor dem Hintergrund von jährlich vielen Hunderttausend Toten war die von Edward Jenner eingeführte Pockenschutzimpfung (Vakzination, 1796) eine lebensrettende Großtat. Verglichen mit dem Corona-Virus war das Pocken-Virus tatsächlich ein *Superkiller*, der alle Lebensalter betraf, eine hohe Letalität aufwies und nicht nur entstellende Narben auf der Haut hinterließ, sondern in schweren Fällen auch Organe dauerhaft schädigen und zur Erblindung führen konnte. Auch das Corona-Virus kann für vulnerable Personen bestimmter Risikogruppen höchst gefährlich werden und tödlich sein – aber ein Killervirus, der die Bevölkerung von Großregionen dezimieren könnte, ist es sicherlich nicht.

Kaum eine andere Infektionskrankheit hängt so eng mit dem Hygienestandard einer Gesellschaft zusammen wie die *Cholera*. Die »Pest des 19. Jahrhunderts« grassierte in einer Zeit des sozialen Umbruchs mit elenden Lebens- und Wohnverhältnissen, die mit der industriellen Revolution einherging und für das wachsende Proletariat und Subproletariat besonders bedrohlich waren. Offensichtlich ist aber ein epidemischer Brechdurchfall nicht mit Covid-19 zu vergleichen: Entstehungsbedingungen, Übertragungswege, Symptomatik und therapeutische Möglichkeiten sind grundverschieden. Ein Ausbruch der Cholera signalisiert direkt einen allgemeinen hygienischen Notstand, dem mit medizinischen und sozialen Hilfsmaßnahmen umgehend wirksam abgeholfen werden kann oder könnte. Bei Covid-19 ist dies anders, obwohl auch hier der schlechtere Gesundheitszustand von sozialen Randgruppen als Risikofaktor eine Rolle spielt. So wird vermutet, dass der prozentual erheblich größere Anteil von Covid-19-Erkrankungen bei Farbigen in den USA auf schlechtere Lebensverhältnisse und mangelnde Gesundheitsversorgung zurückzuführen ist.

Die *Tuberkulose* und hier vor allem die Lungentuberkulose war im Zeitalter der industriellen Revolution und der damit einhergehenden Pauperisierung der Bevölkerung eine schreckliche Plage. Mangelernährung, schlechte Wohn- und Arbeitsverhältnisse begünstigten die »Schwindsucht«. Freilich konnten auch besser Situierte von der Krankheit betroffen werden. Ihr chronischer Verlauf zeichnete den »Schwindsüchtigen«. Sein Siechtum zehrte an seinen Kräften, ohne seine Handlungs- und Kommunikationsfähigkeit gänzlich zu blockieren. Unter den Infektionskrankheiten ist die Lungentuberkulose in der Medizingeschichte die ästhetisch ansprechendste. Künstler konnten weiterhin kreativ sein, ehe ihnen die Krankheit die letzten Kräfte raubte. Die Reihe tuberkulosekranker Schriftsteller oder Maler ist lang, es sei nur an Novalis und Franz Kafka oder Aubrey Beardsley und Ernst Ludwig Kirchner erinnert. Die »Schwindsucht« ist nicht sehr ansteckend und viele Menschen werden mit dem Erreger fertig, ohne zu erkranken. Wer jedoch erkrankte, hatte vor der antibiotischen Therapie seit Mitte des 20. Jahrhunderts mit einem schleichend fortschreitenden, oft jahrelangen Siechtum zu rechnen. Die akute spezifische Lungenentzündung von Covid-19-Kranken hat mit dem Krankheitsbild der Lungentuberkulose nichts gemein.

Die *Spanische Grippe* von 1918/19 gilt als das Musterbeispiel einer Pandemie, die sich innerhalb kurzer Zeit global verbreitete, zu umfassenden Abwehrmaßnahmen führte und eine riesige Anzahl von Opfern forderte. Sie wird heute regelmäßig mit dem pandemischen Geschehen von Covid-19 verglichen und als historischer Bezugspunkt herangezogen. Im Vordergrund der Symptomatik stand die Lungenentzündung. Zeitgenössische Abbildungen zeigen Pflegekräfte und Ärzte mit Mund-Nasen-Schutz und in Schutzkleidung, die ganz an das heutige Outfit erinnert. Dennoch gibt es gravierende Unterschiede zwischen der Spanischen Grippe und Covid-19. Zum einen sticht die unvergleichlich höhere Zahl von Todesopfern bei der Spanischen Grippe ins Auge, die vorzugsweise junge Erwachsene befiel; zum anderen fiel ihr Ausbruch mit den sozialen Erschütterungen am Ende des Ersten Weltkriegs und deren gesundheitlichen Folgen zusammen. Beide Aspekte treffen auf die Corona-Pandemie nicht zu. Bei einer Weltbevölkerung von derzeit 7,6 Milliarden Menschen müssten heute – verglichen mit der Spanischen Grippe (geschätzt 20-50 Millionen Tote bei einer Weltbevölkerung von 1,8 Milliarden Menschen) – an Covid-19 zwischen 80 und 200 Millionen Menschen sterben! Tatsächlich meldete die WHO Mitte September 2020 weltweit weniger als 1 Million Todesfälle.[9] Die Vergleichszahlen zeigen, welch unterschiedliche Ausmaße eine Pandemie annehmen kann.

Auch *AIDS* gilt als Pandemie. Ihre rasche globale Verbreitung seit den 1980er Jahren stellt bis heute eine großes Problem der Gesundheits- und Sozialpolitik weltweit dar. Insgesamt haben sich etwa 75 Millionen Menschen mit dem Humanen Immundefizienz-Virus (HIV) infiziert und etwa 38 Millionen leben mit der Krankheit, die inzwischen gut behandelbar ist. Die Besonderheit der Übertragung durch Körperflüssigkeiten, die über verletzte Schleimhäute oder auf anderem Weg in die Blutbahn gelangen, markiert den Unterschied zu Covid-19, wo die Übertragung durch Tröpfchen oder Aerosole in der Atemluft geschieht. Während die Ansteckungsgefahr durch mit Covid-19-Virus Infizierte bei Nichtbeachten der Hygieneregeln im öffentlichen Raum recht hoch ist, geht von AIDS-Kranken im Alltagsleben keine Infektionsgefahr aus.

Unser Streifzug durch das »Seuchenpanorama« hat einen merkwürdigen Befund zutage gefördert: Seuchen, die wir als Epidemien oder Pandemien bezeichnen können, haben in ihrer jeweiligen Eigenart (Übertragung, Infektiösität, Krankheitsbild) weniger miteinander gemein, als man zunächst annehmen würde. Wie können wir Covid-19 – mit unserem augenblicklichen Wissen – einordnen? Zweifellos haben wir es mit einer Pandemie zu tun. Aber die »Bösartigkeit« des Erregers kann keineswegs mit der des »Schwarzen Todes« oder der »Blattern« vergleichen werden. Ein Blick in die Sterbestatistiken genügt. Aber wie lässt sich der *Lockdown* oder *Shutdown* begründen, der in so vielen Ländern weltweit fast gleichzeitig durchexerziert wurde? Der katastrophale wirtschaftliche und soziale Auswirkungen gehabt hat und noch haben wird? Eine mögliche Erklärung könnte sein: Nicht das physische Virus und seine Ausbreitung zwangen zu den drastischen Maßnahmen, sondern das mit ihm verquickte »psychische Virus«. Dieses löste eine Art Massenpsychose aus, die sich als

---

9   https://covid19.who.int/ (16.09.2020)

kollektive Panikreaktion äußerte, der sich auch die meisten Politiker und Wissenschaftler nicht entziehen konnten. Insofern wäre nicht die Spanische Grippe der historische Bezugspunkt, sondern der von den Massen gefeierte Marsch von Millionen junger Männer auf die Schlachtfelder des Ersten Weltkriegs, der der Spanischen Grippe vorausging.

Die Katastrophenerwartung kann in die Katastrophe führen, man denke an die *self-fulfilling prophecy*, die der US-amerikanische Soziologe Robert K. Merton als sozialen Mechanismus definierte. Es ist interessant, dass die Corona-Krise just dann ausbrach, als das Dauerfeuer der Klimaretter einen Höhepunkt erreicht und seine größte Durchschlagskraft in der politischen und medialen Öffentlichkeit entfaltet hatte. *Fridays for Future, Extinction Rebellion* und Greta Thunberg im Schulterschluss mit etablierten Klimaforschern und Wissenschaftsakademien, wohlwollend begleitet vom Chor der so genannten Mainstream-Medien und der Politik, abgesegnet von den Kirchen bis hin zum Papst – diese Symphonie, welche Untergangsangst und Panikbereitschaft förderte (»*I don't want you to be hopeful, I want you to panic! I want you to feel the fear I feel every day ...*« sagte Greta Thunberg in Davos 2019*)*, endete mit einem Paukenschlag, als die WHO am 11. März 2020 die Covid-19-Epidemie zur Pandemie erklärte.

Mittwoch, der 18. März 2020

Es gibt Tage, die man nicht vergisst. An denen etwas Umwerfendes passiert, das sich für alle Zeit ins Gedächtnis einbrennt. So etwas trifft wahrscheinlich weniger auf Glückstage, als vielmehr auf Unglückstage zu – gerade auch dann, wenn das Unglück in seinem katastrophalen Lauf noch vom Glück abgefangen wird. Die Redewendung vom »Glück im Unglück« bringt es auf den Punkt. Für mich war ein solcher Tag der 18. März 2020, ein Mittwoch. Im Folgenden zitiere ich den Eintrag aus meinem Notebook-Tagebuch.

Ein merkwürdiger Tag. Zum ersten Mal fahre ich mit Mundschutz zum Bäcker, um Brot zu kaufen. Siehe da, es geht, auch wenn sonst noch niemand einen Mundschutz trägt. Aber die tschechische Regierung hat heute angeordnet, dass alle Bürger Mundschutz tragen müssen. Nachmittags Radtour mit einem neuen E-Bike zum Waldkrankenhaus, auf dem Rückweg halte ich vor der Baugrube des neuen Lehrgebäudes an, wo das frühere Medizinhistorische Institut (MHI) unter neuem Namen mit untergebracht werden soll, um die schnell wachsenden Fortschritte des Baus zu fotografieren. Ich vergesse aber den höheren Einstieg am Rad und kippe praktisch im Stehen um. Der linke Fuß und auch die linke Seite knallen auf den Asphalt, starker Schmerz im Fuß, aber ich kann zur Not auftreten, der Fuß scheint nicht gebrochen, aber doch schwer verstaucht oder verrenkt. Zuhause stelle ich das Rad noch ordnungsgemäß in die Garage, schließe ab und lasse mir nichts anmerken, als ich ins Haus und in die Küche gehe. Dann aber verrate ich den Unfall und die anderen sind sehr besorgt. Ich bekomme kalte Umschläge, zwei Unterarmstützen, Voltaren Salbe, Mineralwasser zum Trinken, Bandagen. Mit Stützen geht das Laufen gut, muss aber die Technik noch erlernen. Der Sturz als Fehlleistung ist nach S. F. [Sigmund Freud] leicht erklärt: Konfrontiert mit der Baustelle, an der das geliebte MHI schon bald in einem großen Baukörper verschwinden wird, verliere ich sozusagen die Fassung, falle um. So könnte man das zunächst deuten. Aber da kommt noch einiges dazu: Der Untergang der Welt, wie wir sie bisher gekannt haben. Heute hörte ich die Pressekonferenz mit Donald Trump im Weißen Haus und die Ansprache der Bundeskanzlerin an die Nation. Beides nicht sehr ermutigend. Trump kämpferisch und aggressiv (»Chinese virus«), Angela Merkel pädagogisch ermahnend (»Es ist ernst. Nehmen Sie es auch ernst«). Die Nerven liegen offenbar auch bei mir schon blank, sodass einfache Umstände wie die Abmessungen eines Fahrradrahmens vergessen werden. Ich bin abends froh, dass ich ohne Schmerzen ruhig im Bett liegen kann. Die nächsten Tage (oder Wochen?) werde ich den Sturz noch spüren. Die Lehre: Ausruhen, nicht zu schnell durch die Gegend rasen, bedächtig Dinge tun, »achtsam« bleiben. Einerseits hatte ich Pech, aber andererseits hatte ich doch Glück im Unglück.

Denn die linke Hand und Brust habe ich mir beim Sturz nur geprellt. Wie leicht hätte sich den Arm oder einen Handwurzelknochen brechen können. Deshalb will ich dankbar sein und Eros preisen (den Lebenseros).

Soweit meine Aufzeichnung zu diesem merkwürdigen Tag, an dem ich spürte, wie es sich anfühlt, wenn sozusagen Mikrokosmos und Makrokosmos in der eigenen Person zusammenfallen, wenn sich der eigene Unfall im Weltgeschehen widerzuspiegeln scheint oder umgekehrt. Unfälle haben wie schwere Erkrankungen einen rätselhaften Kern und werfen automatisch Fragen auf. Wer oder was hat sie verursacht? Warum geschieht es gerade jetzt? Warum musste es gerade mich treffen? Psychologische Deutungen sind verlockend, aber können leicht zu ideologischer Verblendung führen. Ich halte mich von ihnen fern, bei allem Respekt vor großen Deutern wie Sigmund Freud oder Viktor von Weizsäcker, von denen ich einiges gelesen habe. Doch kommt es mir seltsam vor, dass ich mir gerade an diesem Tag einen Mittelfußknochen (*Os metatarsale V*, links) gebrochen habe, wie wenige Tage später der Radiologe feststellte – mein erster Knochenbruch seit mehr als 30 Jahren. Damals erlitt ich buchstäblich Schiffbruch mit Zuschauern, als ich an einem Skilift aus dem Stand umkippte und mir das Kahnbein (*Os naviculare*) der linken Handwurzel brach, kurz vor drei Bewerbungsvorstellungen, die vielleicht auch deshalb erfolglos blieben.

Kann ein Knochenbruch »Sinn machen«? In meinem Falle kann ich mit »ja« antworten. Denn Quarantäne-Maßnahmen und *Lockdown*-Verordnungen konnten mir wenig Verdruss bereiten, da ich ohnehin mit einem *Aircast* um den Fuß, der angenehmeren Alternative zum Gehgips, ans Haus gefesselt war und mich nur mit Krücken (»Unterarmstützen«) kurze Strecken fortbewegen konnte. Als ich diese Hilfsmittel nach acht Wochen beiseite legte, wurde auch der *Lockdown* teilweise gelockert.

Die »Heilige Corona« wird entdeckt

Im 15. Jahrhundert erhielten Pestheilige im Kontext der volkstümlichen Heiligenverehrung eine herausragender Bedeutung. Die populärsten Nothelfer gegen die Seuche waren St. Sebastian und St. Rochus. Der Legende nach soll Sebastian als römischer Offizier um 300 wegen seines christlichen Glaubens mit Pfeilen hingerichtet worden sein, überlebte jedoch die Verletzungen und wurde später auf kaiserlichen Befehl erschlagen: Der Körper des Märtyrers wurde in der bildenden Kunst in unzähligen Variationen von Pfeilen durchbohrt dargestellt, die traditionell die Ansteckung symbolisieren. Das Bildmotiv passte, um Sebastian auch zum Patron der Schützen und ihrer Vereine zu machen. Rochus war ein südfranzösischer Edelmann, geboren um 1350. Der Legende nach pilgerte er nach Rom, pflegte Pestkranke und erkrankte selber an der Seuche. Schließlich wurde er – betreut von seinem Hund – durch den Balsam eines Engels geheilt. Seine Kennzeichen sind die stilisierte Pestbeule am Oberschenkel (aus Gründen der Sittlichkeit wurden die geschwollenen Leistenlymphdrüsen in bildlichen Darstellungen nach unten verschoben), Pilgergewand und Stab, so wie ein Hund. Ab 1450 wurde er kultisch verehrt.

In Mittelalter und früher Neuzeit gehörten die Heiligen als Nothelfer zum Alltagsleben. Man konnte sie anrufen und um ihren Beistand bitten. Es gab Orts- und Landesheilige, Patrone für verschiedene Angelegenheiten, persönliche Notlagen, Berufsstände, Bevölkerungsgruppen und besondere Heilige, die bei Erkrankungen, Leiden und Seuchen angerufen werden konnten. Ihre große Anzahl imponiert, ebenso ihre Zuständigkeit für recht unterschiedliche Probleme. Es gab praktisch keine Krankheit und kein Krankheitssymptom, die außerhalb ihrer Reichweite gelegen hätten. In Seuchenzeiten rückten sie in den Fokus der religiösen Aufmerksamkeit. Dies bezeugen unzählige Gemälde, insbesondere Wand- und Deckenmalereien in Kirchen aus dem Barock, sowie Bezeichnungen von Kapellen und Spitälern (z. B. »St. Rochus«, »St. Sebastian«). Solche auch heute noch existierenden Zeugnisse der Religions- und Kulturgeschichte sind allgegenwärtig.

Aber wie steht es mit der Bedeutung der Heiligen für den heutigen Menschen? Mein Eindruck: Sie ist größer, als es auf den ersten Blick erscheinen mag. Religiöse Traditionen sind nicht erloschen, wie vielfach angenommen wird, sondern leben unterschwellig in einer verborgenen Art der Subkultur fort. Ich erinnere mich an einen Druckgraphiker und Maler, einen Rheinländer, der mir einmal ganz freundlich lachend erzählte, dass er immer, wenn er einen Schlüssel oder ähnlich Wichtiges suche, den Heiligen Antonius anrufe. Der habe ihn noch nie im Stich gelassen. Dem lebensfrohen Mann war jede Frömmelei fremd, er gehörte zu jener Sorte von humorvollen Spöttern, die mir sympathisch sind. Ich machte mich kundig und konnte seinen Heiligen als Antonius von Padua identifizieren, den man vom Heiligen Antonius dem Großen, dem Gründungsvater des Antoniter-Ordens, unterscheiden muss, der als Schutzpatron der Bauern, Herden, Schweinehirten und Metzger, aber vor allem der vom »Antoniusfeuer« (Folgen der Mutterkornvergiftung) Betroffenen verehrt wurde. Jener Antonius von Padua, Schutzpatron mehrerer Länder und Städte (darunter Hildesheim) wurde nicht nur beim Verlust von Gegenständen angerufen, sondern auch von Verliebten und von Fieberkranken. Die Zuständigkeiten der Schutzpatrone waren vielfältig und volatil und entsprangen keiner hierarchischen und logisch ableitbaren Ordnung. Es handelte sich gewissermaßen um ein »freies Assoziieren« im Bereich der Volksfrömmigkeit. So gilt der heilige Valentin nicht nur als Patron der Liebespaare, sondern auch als Nothelfer der Epileptiker. Die »Fallsucht« (Epilepsie) ließ sich eben mit »Fall net hin« (Valentin) assoziieren. Diese »Multifunktionalität« der Heiligen erinnert an die antiken Götter und ihre kultische Verehrung. Für gendersensible Leser*innen sei gesagt: Ich habe das generische Maskulinum verwandt, was bedeutet, dass Heilgöttinnen und Schutzpatroninnen mitgemeint sind, deren Zahl und Bedeutung nicht geringer sind als die der männlichen Kollegen. Es sei nur an die Sonderstellung der Mutter Gottes Maria in der Tradition der christlichen Heiligenverehrung erinnert.

In Seuchenzeiten werden religiöse Bedürfnisse geweckt, die sich in kollektiven Aktionen äußern. Am eindrucksvollsten manifestierten sich diese bekanntlich in den Pestzügen zwischen dem 14. und 17. Jahrhundert. Es hat den Anschein, dass solche Bedürfnisse einer rationalen Einstellung gewichen sind und die »Volksfrömmigkeit« heute verschwunden ist. Dies gilt aber nicht absolut. Während der Corona-Krise kam es punktuell zu einer bemerkenswerten Wiederbelebung der Heiligenverehrung. Plötzlich geriet die heilige Corona ins mediale Scheinwerferlicht, von der kaum jemand zuvor Notiz genommen hatte und die selbst kulturhistorischen Insidern unbekannt war. Man holte ihren Reliquienschrein aus dem Depot der Aachener Domschatzkammer, um ihn aufzupolieren und dem Publikum vorzeitig zeigen zu können – vor seiner ohnehin geplanten Präsentation im Rahmen einer Ausstellung zur Aachener Goldschmiedekunst.

Was ich oben als »Multifunktionalität« und »freies Assoziieren« bei der Heiligenverehrung bezeichnet habe, lässt sich hier beispielhaft beobachten. Aufgrund der zufälligen Namensgleichheit wird die heilige Corona mit der Pandemie verknüpft und gilt nun auch als die Schutzpatronin just gegen die »Corona-Pandemie«. Historisch spielte die heilige Corona nur eine kleine Nebenrolle bei der Heiligenverehrung und hatte ursprünglich keine Beziehung zu Menschen ergreifenden Krankheiten oder Seuchen. Ihre vereinzelte Anrufung zur Abwendung von Tierseuchen rechtfertigt kaum ihre gegenwärtige Proklamation als Nothelferin gegen die Corona-Pandemie wie mancherorts geschehen. »Hl. Corona, bitte für uns!« heißt es auf einem Andachtszettel, der im Internet zu finden ist, wobei sich das Bittgebet auch an die »Hl. Maria«, den »Hl. Sebastian« und »Hl. Rochus« richtet.[10]

---

10 https://www.gedanken-und-ueberlegungen.de/hl.-corona.html (21.06.2020)

Was hat uns der Philosoph zu sagen?

Die Wucht der Corona-Krise traf eine schläfrige Gesellschaft mit aller Gewalt. Sie ging den Menschen durch Mark und Bein und ließ ihre innersten Nerven erzittern. Viele taten nun das, was sie ohnehin zu tun pflegen, mit besonderer Inbrunst, als habe jemand ihr organisches Getriebe in einen höheren Gang geschaltet. Was früher ein müheloses Treten im Hamsterrad des Alltagslebens war, geriet jetzt zu einem anstrengenden Automatismus. Die Leute kauften nun nicht mehr nur drei Packungen Spaghetti, sondern dreißig, sie kauften in der Apotheke nicht nur eine Packung Tabletten gegen Fieber und Schmerzen, sondern gleich drei, sie fuhren mit ihrem Rad zur sportlichen Ertüchtigung nicht nur eine Runde, sondern zwei. Das Bestreben, aus sich herauszugehen, um sich gegen die drohende Gefahr zu wappnen, war allgemein festzustellen. Es kam mir so vor, als würde nun jeder das, was er ohnehin gewohnt war zu tun, jetzt mit besonderer Intensität ausüben, je nach charakterlicher Veranlagung eher verbissen oder eher locker.

In dieser Zeit, als Virologen, Epidemiologen, Hygieniker und Intensivmediziner das Wort in den Medien führten, waren »Buchwissenschaftler« weniger gefragt. Für manchen Philosophen war dies wohl eine schmerzliche Erfahrung. Je publikumswirksamer er zuvor mit seinen Vorträgen und Büchern in der Öffentlichkeit glänzen und sich vielleicht sogar als genialischen Denker bewundern lassen konnte, umso mehr drängte es ihn nun, das Wort zu ergreifen und den verunsicherten Menschen den rettenden Weg aus dem Chaos zu weisen. Die Versuchung (oder das Bedürfnis) war also groß, dem staunenden Publikum die Philosophie als Weltweisheit zu demonstrieren. Sie war umso größer, je stärker ein Philosoph von seiner Grandiosität überzeugt war. In einem Falle drängte es mich, Position zu beziehen, nachdem am 21. März 2020 ein für meinen Geschmack unsäglicher Artikel in der Lokalzeitung erschienen war. Es geht mir nicht um eine persönliche Attacke gegen den Autor, weswegen ich seinen Namen hier weglasse. Im folgenden zitiere ich meinen Leserbrief vollständig, den ich der Zeitungsredaktion am 3. April 2020 übersandte. Er wurde nicht veröffentlicht, vermutlich weil er zu spät nach dem Erscheinen des betreffenden Artikels eingereicht worden war.

»[Der hier namentlich genannte Autor] lässt sich im intellektuellen Überschwang zu fragwürdigen Aussagen hinreißen. Er ist für offene Grenzen: Es sei nicht sinnvoll, ›die Menschen jetzt in Grenzen einzusperren. Warum sollte das Virus davon beeindruckt sein, dass die Grenze zwischen Deutschland und Frankreich zu ist?‹ Die medizinische Antwort ist einfach: Weil es von Mensch zu Mensch übertragen wird und Kontaktsperren derzeit die einzige Möglichkeit sind, das Coronavirus zu ›beeindrucken‹. Die Viren seien ›im Allgemeinen ein nicht gelöstes metaphysisches Problem. Niemand weiß, ob sie lebendig sind. Das liegt daran, dass wir heute gar keine eindeutige Definition von Leben haben.‹ Die Virologen mögen ja blind für die Metaphysik ihres Forschungsgegenstands sein, aber dann müsste man deren Nutzen oder gar Notwendigkeit für ihren Job genauer erläutern. [Der Autor] wirft nun eine Frage auf, die auch für die ökologische Bewegung unserer Zeit ein zentrale Rolle spielt: ›Ist das Coronavirus eine Immunreaktion des Planeten gegen die Hybris des Menschen, der unzählige Lebewesen aus Profitgier zerstört?‹ Wir kennen die traditionellen Antworten aus unserer Kulturgeschichte: Seuchen und Krankheit als Strafe, womit Gott die sündigen Menschen heimsucht, (Natur-)Katastrophen als Rache der Natur am bösen Menschen, der sie ausbeutet und malträtiert. Allerdings gab es wohl nie einen ursprünglich gesunden Naturzustand (quasi das Paradies). Pathogene Viren bzw. Mikroben gab es schon lange vor dem Erscheinen des Menschen auf der Erde, ihre Wirkungen lassen sich an tierischen Überresten nachweisen. Und auch die Menschen sind seit Urzeiten von Krankheiten und Seuchen geplagt, wie die Paläopathologie – einmal abgesehen von der Bibel und anderen Schriftzeugnissen – belegt.

*Auch bei der Corona-Krise übt [der Autor] das hierzulande sehr beliebte
Trump- und Johnson-Bashing. Die Pandemie lasse ›überall rassistische Vor-
urteile offenbar werden. Donald Trump möchte das Virus unbedingt als chi-
nesisches Problem klassifizieren; und Boris Johnsohn meint, die Briten könnten das Problem sozialdarwinistisch lösen und eine eugenische Herdenim-
munität erzeugen.‹ Ist dieser Toback nicht doch etwas stark? Johnson ein So-
zialdarwinist? Überhaupt sei das 21. Jahrhundert ›eine Pandemie, das Ergebnis der Globalisierung.‹ Denn wir dürften nicht vergessen: ›die Klimakri-
se, die viel schlimmer ist als jedes Virus, weil sie das Ergebnis der langsamen
Selbstausrottung des Menschen ist. Diese ist durch Corona nur kurz gebremst. Die Weltordnung vor Corona war nicht normal, sondern letal.‹ Müssen wir dem Coronavirus sogar dankbar sein, dass nun durch den Shutdown
der Verkehrsströme und der industriellen Produktion die Selbstausrottung
des Menschen ›kurz gebremst‹ wird? Hinsichtlich der ökonomischen und sozialen Katastrophe, die der medizinischen eventuell folgen wird, muss ich ge-
stehen, dass mir das überschüssige CO_2 weitaus weniger Angst einflößt als
die grassierende Pandemie mit ihren unabsehbaren Folgen. Schließlich
bräuchten wir nach der biologischen Pandemie ›eine metaphysische Pan-De-
mie, eine Versammlung aller Völker unter dem uns alle umfassenden Dach
des Himmels, dem wir niemals entrinnen werden. [...] Werden wir also Er-
denbürger, Kosmopoliten einer metaphysischen Pandemie.‹ Von einem Welt-
staat mit Weltbürgern und Weltregierung haben schon viele Philosophen
und Nicht-Philosophen geträumt, was bei Letzteren oft im realen Desaster
endete. Als Utopie aber ist – angesichts des irdischen Elends – ein globales
Pfingsterlebnis, eine Ausgießung des Heiligen Geistes in alle Menschen, ein
durchaus faszinierender Gedanke. Schillers ›Ode an die Freude‹ ist deshalb
im Beethoven-Jubiläumsjahr, das zu einem Corona-Jahr zu werden droht,
von ganz besonderer Bedeutung.«*

Unwillkürlich fällt mir hierzu der klassische Spruch »Si tacuisses, philo-
sophus mansisses« ein. Er passt treffend auf den geschilderten Vorfall. Wer
nur reden lernt und nicht schweigen, wer nur schreiben kann, um es zu
veröffentlichen, und wer sich nur an seiner eigenen Größe ergötzen will,

ohne seine Kleinheit mit Demut zu ertragen, wird arrogant, ohne es selbst wahrnehmen zu können oder zu wollen. Die Medizin spricht von »Indolenz«: Ein Mensch ist empfindungslos gegenüber einem Schmerz, den seine Erkrankung oder Verletzung normalerweise erzeugt. Ein Philosoph, der in dieser Weise schmerzfrei ist, macht sich in meinen Augen verdächtig. Was soll das für eine Philosophie sein, die er vertritt? Es ist die Philosophie, die er als Lehrstuhlinhaber besetzt, und die er als Amtsinhaber wie ein Gütesiegel vor sich herträgt. Wie das zitierte Beispiel zeigt, bestehen die Aussagen des Philosophen aus einer Ansammlung von gängigen Klischees, ideologischen Versatzstücken. Der Begriff der Maske hat in der Corona-Krise eine handfeste Bedeutung bekommen. Zugleich aber demaskiert diese Krise auch. Sie enthüllt das »wahre Gesicht« des Einzelnen, sei er nun Philosoph oder Nicht-Philosoph.

Weltkrieg gegen einen unsichtbaren Feind

Der 75. Jahrestag des *Victory in Europe Day* oder *Jour de la Victoire en Europe* fiel mitten in die von der Corona-Krise gelähmte Welt. Die Massen mussten zuhause bleiben, Volksfeste und Militärparaden fielen aus, allenfalls durften in London und Paris einige Militärflieger in Formation dröhnend durch ihre Düsen die Nationalfarben am Himmel absondern, ein Abzeichen des Siegestriumphs. Nie war der *Victory Day* seit 1945 aktueller, nie rührte er tiefere Emotionen auf als jetzt. Denn der *Lockdown*, der die meisten Menschen in einem nie zuvor erlebten Ausnahmezustand festsetzte, ließ nur den Vergleich mit dem letzten Weltkrieg zu, trotz der offensichtlichen Unvergleichbarkeit. In keiner der staatstragenden Ansprachen zur Corona-Pandemie und zum *Victory Day* fehlte diese Verknüpfung von Seuche und Krieg. Diesmal habe man es mit einem unsichtbaren Feind zu tun, der nun mit aller Konsequenz zu bekämpfen und zu besiegen sei. Allerdings gebe es einen großen Unterschied zum Weltkrieg, betonte die

Queen in ihrer TV-Ansprache zur Corona-Pandemie am 5. April 2020: Damals hätten Nationen gegeneinander gekämpft, heute würden sie gemeinsam gegen den neuen Feind kämpfen. *»The invisible enemy«* avancierte zu einem strategischen Terminus, der (nicht nur) in der Geschichte der Infektiologie und Bakteriologie verankert ist und nun – mehr oder weniger bewusst – reaktiviert wurde.

Auch die Bundeskanzlerin kam in ihrer historischen Ansprache vom 18. März 2020 auf den Krieg zu sprechen: »Seit der Deutschen Einheit, nein, seit dem Zweiten Weltkrieg gab es keine Herausforderung an unser Land mehr, bei der es so sehr auf unser gemeinsames solidarisches Handeln ankommt.« Was immer »gemeinsames solidarisches Handeln« im Zweiten Weltkrieg bedeutet haben mag: Es konnte nur »mit gebrochenem Herzen« (Bundespräsident Steinmeier) geschehen. Solidarisch mit den Soldaten? Solidarisch mit den Bombenopfern? Solidarisch mit den Verfolgten? Solidarisch mit den FLAK-Helfern? Solidarisch mit den Widerstandskämpfern? Die Erinnerung an solidarisches Handeln im Weltkrieg ist in Deutschland von traumatischem Erleben durchsetzt. Dies hat einen simplen Grund. Es ist in die größte denkbare Katastrophe eingebettet, die ein Staatsvolk treffen kann: Die absolute Niederlage, der Zusammenbruch einer Ideologie, der Offenbarungseid nach einer grandiosen Verirrung mit schrecklichsten Folgen. Mit anderen Worten: Die Kriegsmetaphorik kann in Deutschland nicht zünden, einem Land, das zwei Weltkriege vor nicht allzu langer Zeit mit weltbewegenden Niederlagen erlebt hat.

Ganz anders im Lager der früheren Alliierten, der Sieger. Wenn sie schon einen übermächtigen und grausamen Feind niederringen konnten, warum sollte das nicht auch im Kampf gegen den unsichtbaren Feind möglich sein? Wir haben den Kampf damals durchgestanden, was kann uns daran hindern, auch diesmal den Sieg davonzutragen? Wir sind stark, und wenn es darauf ankommt, stärker als wir selbst glauben. Der Geist Winston Churchills wurde beschworen, sein berühmtes *Victory*-Handzeichen tauchte wieder einmal aus der kollektiven Erinnerung auf, ein Beweis für die Wirksamkeit des »Churchill-Faktors«.

Es gibt aber noch einen anderen Aspekt des »gemeinsamen solidarischen Handelns« im Zweiten Weltkrieg: Die effiziente Katastrophenbewältigung der Deutschen durch organisatorische und materielle Schutzmaßnahmen, etwa auf dem Gebiet der Nahrungsmittelversorgung, des Sanitätswesens oder des Luftschutzes. Es kommt nicht von ungefähr, dass in Deutschland Katastrophenschutz, Brandschutz, Rettungswesen, soziale Hilfsinstrumente und dergleichen im Verhältnis zu anderen Ländern ziemlich perfekt ausgebaut wurden. Einen totalen »Zusammenbruch«, eine absolute »Stunde Null« gab es bei Kriegsende kaum, denn trotz der ungeheuren Zerstörungen und sozialen Verwerfungen blieben bestimmte Notfallmaßnahmen zur Aufrechterhaltung der Ordnung in Kraft.

Vielleicht wird vor diesem historischen Hintergrund verständlich, warum die Idee der Rettung in der Mentalität der Deutschen eine so große Rolle spielt. Es ist der Wunsch einer Rettung vor dem Untergang, dem Verlust, dem Verderben. »Nie wieder« ist ein höchst populärer Slogan. Er ist eng verbunden mit dem von Angst getriebenen Ausspruch: »Wehret den Anfängen«. So haben wir im Laufe der Jahre mancherlei staatlich administrierte Rettungskampagnen erlebt: Griechenland-Rettung, Euro-Rettung, Klima-Rettung, Seenot-Rettung. Vorbildlich klappte in Deutschland die Rettung von Covid-19-Patienten, in Kliniken wurden in kurzer Zeit intensivmedizinische Betten zusätzlich eingerichtet, Beatmungsgeräte standen mehr als ausreichend zur Verfügung. Es kam zu keiner feststellbaren »Übersterblichkeit«. In den von der Pandemie stark betroffenen Ländern gilt Deutschland deshalb als Vorbild und die Bundeskanzlerin als Lichtgestalt.

Die enormen ökonomischen und sozialen Verwerfungen, die von der Pandemie vielleicht weniger verursacht als vielmehr nur ausgelöst wurden, erfordern nun eine eigene Kaskade von Rettungen. Nun müssen ganze Staaten gerettet werden, große Flug- und Reiseunternehmen sind zu retten, die vielen kleinen Unternehmer und Selbständige, von Gastwirten bis zu den »Kulturschaffenden«, aber auch die Zeitungen, die Autohäuser, ja fast alle müssen gerettet werden. Schon stellt sich für viele die bange

Frage, wer denn das alles bezahlen soll. Die Antwort von Finanzfachleuten und Investmentspezialisten ist klar: Bezahlen müssen wohl diejenigen, die etwas besitzen und darauf festsitzen, die immobil sind, in erster Linie also die Häuslebesitzer mit eingetragenen Grundstücksgrößen, die man mit Hypotheken oder »Lastenausgleich« leicht zum gemeinsamen solidarischen Handeln zwingen kann. Auch das und noch anderes wie Inflation und Währungsreform sind im kollektiven Gedächtnis gespeichert und treten in der Corona-Pandemie als mögliche Szenarien vor das innere Auge der Zeitgenossen. Es gehört schon eine hohe Lebenskunst dazu, solche Bilder gelassen beiseite zu schieben.

75 Jahre »bedingungslose Kapitulation«

D ie Corona-Krise brachte es mit sich, dass der 75. Jahrestag der bedingungslosen Kapitulation der deutschen Wehrmacht ohne öffentliche Versammlungen oder feierliche Staatsakte und auch ohne von Catering-Unternehmen gelieferte Buffets vonstatten gehen musste. Die fünf höchsten Repräsentanten des Staates legten in ihrem gemeinsamen Auftritt in gehörigem Abstand voneinander und jeder für sich in der Berliner Neuen Wache vor den Fotografen und Fernsehteams Kränze nieder, im Angesicht der vierfach vergrößerten Kopie der Pietà-Skulptur von Käthe Kollwitz (geschaffen 1938/39). Das fotografische Standbild wurde von den Medien flächendeckend unters Volk gebracht. Es zeigte die gebückten Staatsleute beim protokollarisch vorgegebenen Zurechtrücken der Schleifen an den vor ihnen liegenden Kränzen. Im Ablaufplan des Bundespräsidialamts war unter anderem festgelegt:

Während des Gedenkens: Trompetensolo (Lorenz Jansky, Trompeter der Karajan-Akademie der Berliner Philharmoniker) »Der gute Kamerad«[11]

Die Performance war perfekt und auch das Trompetensolo »Der gute Kamerad« gelungen, wie man auf Youtube sehen kann.[12] Auch die Pandemie-Lage hatte man berücksichtigt, insbesondere die Hygiene-Regel des *social distancing*: keine Menschenmenge, die Akteure standen weit genug auseinander, sicher weiter als anderthalb Meter. Das unsichtbare Filmteam hielt offensichtlich ebenfalls Abstand. Warum aber berührte mich dieser Auftritt irgendwie peinlich? War es die allzu perfekte Inszenierung? Die einheitlich dunkelblau gefärbten Anzüge, den sich auch die Bundeskanzlerin neben den vier Herren angetan hatte – entgegen ihrer Gepflogenheit, zum Kontrast der eintönigen Herrenbekleidung einen Hosenanzug in variierender farblicher Ausführung zu tragen? War es die Konfrontation der geschniegelten Staatsspitze mit der Replik der »Pietà« von Käthe Kollwitz, die nach der Wende in der »Zentralen Gedenkstätte der Bundesrepublik Deutschland für die Opfer von Krieg und Gewaltherrschaft« installiert worden war? Hatte mein Unbehagen einen ästhetischen Grund? Irritierte mich dieser unerträgliche Gegensatz von absoluter Zerstörung und absoluter Ordnung? Wo vor 75 Jahren Berlin dem Erdboden gleichgemacht worden war und die Bewohner, sofern sie noch am Leben waren, in Trümmern dahinvegetierten, standen heute – mit Ausnahme von Bundestagspräsident Schäuble – auf poliertem Steinfußboden vier wohlgenährte Menschen in einer abgezirkelten Reihe mit gefalteten Händen vor ihrem Schritt, um medial erfasst und in die Welt projiziert zu werden.

»Ich hatt einen Kameraden, Einen bessern findst du nit ...«. Was in den Häuptern der Amtspersonen beim Trompetensolo wohl vorgehen mochte? Rekrutengelöbnisse der Bundeswehr, Zapfenstreiche? Und was mochten die Zuschauer »draußen im Lande« vor ihren Fernsehgeräten empfinden? Ich weiß es nicht. Was hätte die um ihren Sohn trauernde Mutter der

---

11 https://www.bundespraesident.de/SharedDocs/Berichte/DE/Frank-Walter-Steinmeier/2020/05/200508-Kranzniederlegung-Neue-Wache.html (20.05.2020)
12 https://www.youtube.com/watch?v=SUndM4x9LZ8 (20.05.2020)

Käthe Kollwitz empfunden? Das glaube ich schon eher zu wissen. Ganz sicher hätte sie sich noch mehr über ihren Sohn gebeugt, um ihn vor solchem Pathos zu schützen. Übrigens hatte Ludwig Uhland, der den Text 1809 dichtete, nach allem, was man weiß, nicht die Absicht, militärische Kampfmoral einer bestimmten Truppe zu stärken. Die Originalhandschrift wird in der Handschriftenabteilung der *Library of Congress* in Washington, D.C. aufbewahrt. Bei einer Stippvisite entdeckte ich sie dort zufällig in einem Katalog, bekam sie nach Bestellung rasch vorgelegt und durfte das Blatt in eigenen Händen halten. Was hätte Uhland dazu gesagt, dass die Vertonung seines Gedichts rund 200 Jahre später den Rang einer Nationalhymne einnehmen würde, als Begleitmusik für feierlich-ernste Staatsakte?

Nach der Kranzniederlegung und dem Gedenken, die vom bereits erwähnten Trompetensolo begleitet wurden, hielt der Bundespräsident vor der Neuen Wache eine Ansprache. Darin kam auffallend oft das Schlagwort »Befreiung« vor. Mithilfe der Suchfunktion konnte ich schnell feststellen: insgesamt zehnmal, mehr als jedes andere Wort, das aus dem Munde des Staatsoberhaupts zu vernehmen war. Nur einmal war abschließend von »Freiheit« in Verbindung mit »Demokratie« die Rede. Wenn ich an »Befreiung« denke, kommen mir Westernfilme in den Sinn, wenn eine Geisel aus der Gewalt von Gangstern befreit wird; oder wenn sich Clint Eastwood in »Flucht von Alcatraz« tollkühn aus eigener Kraft aus einem Hochsicherheitsgefängnis befreien kann. Wir haben es dann mit einer Selbstbefreiung zu tun. Aber für wen war die bedingungslose Kapitulation des »Dritten Reiches« am 8. Mai 1945 wirklich eine Befreiung? Sicher für die Gefangenen in den Konzentrationslagern und die anderen politisch oder rassisch Verfolgten außerhalb der Lager. Aber wie verhielt es sich bei der großen Mehrheit der Bevölkerung, die gefallene Familienmitglieder betrauerte, verwundete oder anderweitig traumatisierte Menschen zu versorgen oder zerbombte Häuser zu beklagen hatte? Was war mit dem Millionenheer von Heimatvertriebenen, die unter schlimmsten Umständen flüchten mussten? Viele erlebten die totale Niederlage insofern als Befreiung, als nun das Zittern in Luftschutzkellern bei Bombenangriffen ein Ende fand, und man sich über Land bewegen konnte, ohne den Beschuss von Tieffliegern befürchten zu müsse. Aber was war das für eine Befreiung, wenn die Besiegten – ob freiwillig oder gezwungen, Nazi-Anhänger oder Widerstrebende – größte Opfer zu bringen hatten und nun mit der bitteren Wahrheit konfrontiert waren, dass alles sinnlos gewesen war, mehr noch: einem gigantischen Verbrechen gedient hatte?

«Man kann dieses Land nur mit gebrochenem Herzen lieben«, lautete ein Schlüsselsatz aus der Ansprache des Bundespräsidenten. Gilt das nicht auch für andere Länder in Europa und außerhalb Europas? Wie können etwa Russen ihr Land angesichts der stalinistischen Terroropfer ohne »gebrochene Herzen« lieben? Aber steckt in dem Schlüsselsatz nicht eine gehörige Portion »deutschen Sündenstolzes«? So, als könnten die Bewohner anderer Länder ihr jeweiliges Land mit ungebrochenem Herzen lieben, da sie ja nicht so ungeheure Schuld auf sich geladen hätten?

Wegen der Corona-Krise konnten auch auf Seiten der tatsächlichen Sieger, »Befreier«, keine Massenveranstaltungen zelebriert werden. Im Vereinigten Königreich gab es stattdessen eine Ansprache der Königin, die sich an die überwältigende Siegesfeier vom 8. Mai 1945, den *VE Day* (*Victory in Europe Day*), erinnerte, an dem sie sich als Teenager zusammen mit ihrer Schwester unter die jubelnden Menschenmassen mischte, wozu entsprechende Filmausschnitte eingeblendet wurden. Der von seiner schweren Covid-19-Erkrankung genesene Premierminister Boris Johnson hielt im Fernsehen ebenfalls eine Ansprache, in der er *victory* auch als Richtschnur für die Zukunft der Nation bzw. der *four nations* verkündete. Prinz Charles, *the Prince of Wales*, und Camilla, *the Duchess of Cornwall*, legten zwei Gedenkminuten vor dem Kriegsdenkmal auf dem Grundstück von *Balmoral Castle* ein, der königlichen Sommerresidenz in Schottland. Dann legte er einen Kranz nieder und sie einen Blumenstrauß. Stille, keine Reden, kein Trompetensolo, kein »guter Kamerad«.

Weissagekunst in Corona-Zeiten

D ie Zukunft kann niemand vorhersehen, wie uns die Geschichte der Prognostik – der Weissagekunst oder Mantik – lehrt. Hierzu müssen wir nicht bis zur Antike zurückgehen: zu den Stern- und Traumdeutern, Leberbeschauern oder Auguren. Ein Blick auf die Vorhersagen im Verlauf der Corona-Krise genügt. Alles Mögliche war da zu hören: Wie eine Grippewelle ohne größere Bedeutung; eine Pandemie mit Hunderttausenden, wenn nicht Millionen Toten; die zweite Welle kommt bestimmt und wird noch härter zuschlagen; Mund-Nasen-Schutz ist unwirksam und überflüssig; Mund-Nasen-Schutz ist zwingend für alle geboten. Virologen, Epidemiologen, Immunologen waren eine Zeitlang anscheinend die einzigen Gewährsleute für die politischen Entscheider. Einzelne ließen die Öffentlichkeit an ihren Erkenntnissen und Einfällen unmittelbar in Form von Podcasts oder Videoclips teilhaben. Dies war spannend und unterhaltsam.

Ein plötzlich populär gewordener Virologe riet in seinem Podcast zunächst vom Schließen der Schulen und Kitas ab. Eines Morgens aber überraschte er die Hörer mit einer Neuigkeit. Er habe heute Nacht, sagte er, einen aktuellen Artikel über die Spanische Grippe und ihre Bekämpfung in St. Louis (USA) gelesen, den ihm eine amerikanische Kollegin gemailt habe. Nach der Lektüre müsse er seine Empfehlung korrigieren: Schulschließungen hätte sich in St. Louis als effektives Mittel zur Eindämmung der Seuche erwiesen. Deshalb würde er das auch für Deutschland vorschlagen. Wenige Tage später ergriff die Bundesregierung gemeinsam mit den Landesregierungen entsprechende Maßnahmen. Manche Politiker und ebenso Normalbürger waren davon irritiert, dass sich die Experten untereinander und gelegentlich auch sich selbst widersprachen. Schreckensbilder vom Massensterben und qualvollen Erstickungstod wurden aus Norditalien gesendet, die hierzulande Panik erzeugten. Man war auf das Schlimmste vorbereitet. Aber es blieb aus. Die Intensivbetten in den Kliniken blieben großenteils leer, Zahnarztpraxen meldeten Kurzarbeit an, da Patienten zuhause blieben. Der Krankenhausbetrieb war im Allgemeinen stark reduziert, da Operationen und andere Behandlungen verschoben wurden.

Kurzum: Es stellte sich heraus, dass es mit der Weissagekunst der Wissenschaft nicht so weit her war, oder anders gesagt: die Vorhersagen der von der Politik ausgewählten Experten nicht so zuverlässig waren (sein konnten), wie sie sich das erhofft hatte. Wer sich mit der Geschichte »wissenschaftlicher« Vorhersagen befasst, ist von diesem Befund nicht überrascht. Auch mit den besten mathematischen Modellrechnungen lässt sich die Entwicklung einer Pandemie nicht genau vorhersehen. Wer anderes behauptet, ist ein Prophet, ein »Schwärmer« oder Enthusiast. Davon gibt es in der etablierten Wissenschaft nicht weniger als außerhalb.

Zur Leopoldina-Tagung »Kann Wissenschaft in die Zukunft sehen? Prognosen in den Wissenschaften« im Oktober 2018 in Halle (Saale)[13] hatte ich für zwei Podiumsdiskussionen Statements vorbereitet, die ich hier etwas abgerundet wiedergeben will. Ich setzte mich mit der allgemeinen Frage auseinander, die auch in der Corona-Krise von entscheidender Bedeutung ist: Inwieweit kann Wissenschaft die Entwicklung eines komplexen Geschehens vorhersagen und daraus konkrete Handlungsstrategien ableiten?

Der Anspruch, aufgrund einer wissenschaftlichen Analyse gegebener Fakten Zukünftiges zuverlässig vorhersehen zu können, ist ein Wesensmerkmal wissenschaftlicher Forschung. Prognosen in den Wissenschaften haben insofern etwas mit denen der Magie und Religion gemeinsam, als auch letztere mit systematischen Beobachtungen und Beschreibungen verknüpft sind. Der Hinweis auf die mantischen Künste in der Antike, etwa die Astrologie, die zugleich Ausgangspunkt der Astronomie war, soll hier genügen.

---

13 https://www.leopoldina.org/veranstaltungen/veranstaltung/event/2625/
    (6.08.2020)

Wissenschaftliche Prognosen dienen (auch) heute in Politik und Gesellschaft zur Legitimierung grundlegender Entscheidungen und haben insofern eine immense Bedeutung für die Gestaltung der Gegenwart und Zukunft. Besonders augenfällig wird dies beispielsweise an der flächendeckenden »Verspargelung« der Naturlandschaft mit Windrädern aufgrund prognostischer Modellrechnungen der Klimaforschung, die von einem anthropogenen Treibhauseffekt durch CO_2-Emmissionen als Hauptursache des Klimawandels ausgeht.

Inwiefern können notwendige wissenschaftliche Prognosen problematisch sein? Ein Beispiel aus der Medizin soll genügen. Der Arzt muss bei einer therapeutischen Intervention etwa in der Onkologie wissen, wie sich diese auf den weiteren Krankheits- bzw. Heilungsprozess seines Patienten auswirkt. Aber auch die besten Richtlinien der evidenzbasierten bzw. personalisierten Medizin haben – bezogen auf den individuellen Kranken – ihre unaufhebbare prognostische Unschärfe bezogen auf den einzelnen Menschen und sein »Schicksal« (selbst wenn wir vom Phänomen der »Wunderheilung« oder »Spontanremission« einmal absehen, das sich jeder Prognostik entzieht). Man ist hier mit dem Problem der Wahrscheinlichkeit konfrontiert,

Prognosen können eine gewaltige Durchschlagskraft im sozialen und politischen Raum entfalten, wenn sie in eine Wechselwirkung mit dem »Zeitgeist« treten und zu einer mächtigen Ideologie verschmelzen. Wenn wir uns die Erfolge der präventiven Medizin durch Bakteriologie und Hygiene Ende des 19. Jahrhunderts vor Augen halten, so offenbart sich der Erfolg wissenschaftlicher Prognostik sehr überzeugend, etwa im Hinblick auf Impfprogramme und hygienische Maßnahmen. Freilich erscheinen die Misserfolge wissenschaftlicher Prognostik noch spannender zu sein. Ein klassisches Beispiel hierfür ist die Rassen- und Erbbiologie im ausgehenden 19. und frühen 20. Jahrhundert. Die scheinbar biologisch und statistisch bewiesenen Vorhersagen der Rassen- und Erbbiologen, wonach die Menschheit durch ungehinderte Fortpflanzung minderwertiger bzw. krankhafter Erbanlagen oder auch durch verderbliche Rassenmischung in naher Zukunft zugrunde gehen würde, schürte eine biologische Untergangsangst, auf der später die radika-

len Programme des NS-Regimes aufbauen konnten (Stichwörter: »Ausmerze« und »Auslese«). Kaum ein Mediziner, kaum ein Wissenschaftler konnte sich damals dem Sog des Biologismus entziehen, was keineswegs nur auf Deutschland zutrifft. Dies sollte uns zu denken geben, wenn heute eine bestimmte wissenschaftliche Prognose als unumstößliche Wahrheit ausgegeben wird wie seinerzeit die erbbiologisch argumentierende Degenerationslehre.

Die Auseinandersetzung mit der Geschichte der Prognostik, ihre »radikale Historisierung« (Olaf Breibach), ist aus meiner Sicht das geeignete Mittel, um sich vor prognostischen Fixierungen und den damit zusammenhängenden massenpsychologisch wirksamen Strömungen zu schützen. Die Kultur- und Wissenschaftsgeschichte bietet uns reichhaltiges Anschauungsmaterial für prognostische Irrwege. Die Rassenbiologie habe ich schon erwähnt. Wie sehr wissenschaftliche Prognostik von kulturellen, ideologischen und allgemeinpolitischen Faktoren abhängt und diese wiederum verstärken kann, lässt sich am Beispiel des »Waldsterbens«, einer mentalen Spezialität der Deutschen, in den 1980er Jahren, aufzeigen. Viele Ökologen und weite Kreise der Bevölkerung waren überzeugt, dass um die Jahrtausendwende der Schwarzwald mehr oder weniger verschwinden und einer Karstlandschaft Platz machen würde. (Ich war seinerzeit in Freiburg und erinnere mich an die betreffenden Diskussionen und Schreckensbilder). Weitere analoge Beispiele wären leicht zu finden. Wer sich mit der Geschichte der wissenschaftlichen Prognosen auseinandersetzt, ist gegen ideologisch fixierte Zukunftsvisionen gefeit, ob diese nun den Weltuntergang oder das Paradies auf Erden prophezeien.

Wissenschaftliche Prognosen gehören wie die religiösen, etwa die Prophetie (es sei an die Offenbarung des Johannes, die Apokalypse erinnert) meines Erachtens zur conditio humana. Sie haben ein wichtiges Merkmal gemeinsam: Sie diagnostizieren einen verderblichen Zustand, der ohne angemessene Intervention bzw. Einstellung zum Untergang führt. Schuld kann abgetragen werden, der Sünder kann Buße tun. Der Begriff des Klimaleugners impliziert dieses Denken. Insofern enthält die Prognostik, sei sie wissen-

schaftlich, sei sie religiös verortet, einen Rettungsanker, gewissermaßen ein Evangelium: nämlich: »Wir können, ja wir müssen etwas tun«.

Was aber passiert, wenn sich – jenseits aller Prognostik – Unvorhersehbares ereignet? Wenn etwa Naturmächte am Werk sind, welche die absolute Ohnmacht des Menschen und seiner Kultur demonstrieren und die entweder wissenschaftlich vorhersagbar sind (wie der Einschlag größerer Meteoriten) oder sich wissenschaftlicher Prognostik entziehen (Erdbeben, Vulkanausbrüche, Pandemien)? Wahrscheinlich ist der Gedanke des völligen Ausgeliefertseins so unerträglich, dass wir ihn weitgehend verdrängen müssen.

Die wichtigste Frage im Umgang mit wissenschaftlichen Prognosen ist: Inwieweit können wir der betreffenden Vorhersage vertrauen? Inwieweit ist sie sicher? Können wir von ihr konsequent bestimmte Handlungsstrategien ableiten? Ist die Prognose deshalb schon richtig, weil sie das Gütesiegel einer wissenschaftlichen Einrichtung trägt? Inwieweit kann oder soll sie bei der Politikberatung politische Entscheidungen legitimieren? Wissenschaft kann auch im optimalen Zusammenspiel der Disziplinen nicht die komplexe Totalität eines Objekts erfassen, muss aus methodischen Gründen immer Einschränkungen und Ausblendungen vornehmen. Noch wichtiger vielleicht ist die Tatsache, dass Wissenschaft als soziales Subsystem selbst von partikularen Interessen geleitet und ökonomisch wie ideologisch abhängig von der politisch-gesellschaftlichen Situation ist. Die »Freiheit der Wissenschaft« ist ein großartiges Ideal, das jedoch in der Praxis nur schwer zu realisieren ist.

Es ist von großer Bedeutung, ob wir Prognosen positivistisch als gesicherte Extrapolation gegebener Fakten ansehen oder sie als Vorhersagen in einem bestimmten historischen Kontext begreifen. Im ersteren Falle ist die Zukunft absolut einzuschätzen, im letzteren Fall werden Vorhersagen relativiert. Die in meinen Augen wichtigste Relativierung von Vorhersagen ist ihre Betrachtung in historischer Perspektive. Wie sahen entsprechende Prognosen in früheren Zeiten aus? Worin unterscheiden sie sich von der heutigen Situation und worin sind sie sich ähnlich? Die historische Relativierung (»Historisierung«) ist entscheidend dafür, wie wir mit wissenschaftlichen Prognosen umgehen: doktrinär oder reflektiert, ideell fixiert oder offen im Sinne einer kritischen Wissenschaft.

Prognosen, ob wissenschaftlicher oder außerwissenschaftlicher Natur, sagen mehr oder weniger eindeutig die Zukunft in einer bestimmten Hinsicht voraus. Ihre Gefahr liegt in ihrer suggestiven Kraft der Überzeugung, die vielfach weniger im Wissen als im Glauben gründet. Und der Glaube kann Berge versetzen, wie es schon in der Bibel heißt. Er entzieht sich der kritische Diskussion und ist in seiner doktrinären Fixierung wissenschaftsfeindlich. Für mich eindrucksvoll ist folgendes historische Beispiel aus dem Sozialleben, das auch wissenschaftshistorisch zu denken geben kann: Der berühmte russische Psychiater Wladimir Bechterew schilderte um 1900 folgende Begebenheit: Eine der zahlreichen christlichen Sekten in Russland war sich absolut sicher, dass die Welt zu einem bestimmten, nahe bevorstehenden Zeitpunkt untergehen würde. Sie wollte diesem mit Gebeten und Gesängen bei Kerzenschein entgegensehen, um ins Himmelreich zu gelangen. So ließ sich die Menschengruppe von ca. 30 Personen in einem Kellergewölbe einmauern. Monate später wurden ihre Leichen geborgen, offenbar waren die Leute erstickt. Aus der Prognose des Weltuntergangs hatten sie eine in ihrem Sinne konsequente Gegenstrategie abgeleitet. Wo absolute Gewissheit herrscht, gibt es keine Alternative.

Für Wissenschaftler kann es verlockend sein, mit dem Nimbus und dem beeindruckenden Instrumentarium der Wissenschaft und ihrer Organisationen (unbewusst) in die Rolle von Mantikern, Propheten oder Hellsehern zu schlüpfen. Der beste Schutz vor angeblich wissenschaftlich gesicherten Prognosen – und diese können auch utopische Paradiesvorstellungen (wie etwa die absolut gesunde oder die klassenlose Gesellschaft) betreffen – ist aus meiner Sicht Gelassenheit und Selbstvertrauen im Wissen um die Hinfälligkeit und Endlichkeit allen Lebens, vielleicht sogar des Kosmos, ohne deshalb der Verzweiflung anheimzufallen, dass alles sinnlos sei. Insofern hat der Umgang mit wissenschaftlichen Prognosen sehr viel mit der philosophischen Einstellung des Einzelnen zu tun.

Panik, Massensuggestion, geistige Epidemie

Als sich in der ersten Märzhälfte 2020, in den Wochen nach Ende der Karnevalssession mit seinem Höhepunkt am Rosenmontag, immer deutlicher das pandemische Unglück abzeichnete, kam es zu einem radikalen Umschwung in der Wahrnehmung der drohenden Gefahr. Am 11. März hatte die WHO den Covid-19-Ausbruch offiziell zur »Pandemie« erklärt. Nun ereignete sich etwas, was ungleich schneller um sich griff als es je einem Virus möglich gewesen wäre: Die Menschen erfasste eine kollektive Panik. Horrorzahlen wurden in den Sozialen Medien und anderswo verbreitet. Die rigorosen Quarantäne-Maßnahmen, die in Wuhan ergriffen wurden, und die Gerüchte über Leichenberge, die dort in den Krematorien verbrannt würden, sowie das Vorrücken der Pandemie in Europa mit den Katastrophenbildern aus Bergamo und anderen norditalienischen Städten taten ihre Wirkung. Mich überkam ein Schauder. Sollte sich das zur Apokalypse entwickeln? Katastrophenfilme über menschenvernichtende Seuchen tauchten in der Erinnerung auf. Dann ereignete sich am 16. März ein »Corona-Börsencrash«, der schlimme Erinnerungen an frühere Weltwirtschaftskrisen weckte.

Die Menschen reagierten prompt: Man hamsterte so viel und so schnell es ging Nahrungsmittel (u. a. Reis, Nudeln, Mehl, Zucker) und Hygieneartikel (u. a. Küchentücher und vor allem Klopapier). Mundschutz und Desinfektionsmittel waren sofort vergriffen oder nur noch zu einem horrenden Preis im Internethandel zu bekommen. Der imaginierte Kampf ums Überleben setzte mit aller Macht ein. Viele pilgerten in die Baumärkte, um sich Schutzanzüge und Gesichtsmasken mit Filter zu besorgen. Man lernte schnell den Unterschied zwischen einer FFP2- oder FFP3-Maske und einer einfachen »chirurgischen Maske«. Virologen erklärten, dass auch die Augen zu schützen seien, also griff man auch nach Schutzbrillen. Auch Vinyl-Einmalhandschuhe gehörten zur Grundausstattung. Da Medikamente wegen der unsicher gewordenen Importwege knapp werden konnten, war es ratsam, sich mit einem auf die individuellen Bedürfnisse abgestimmten Vorrat einzudecken. Vor allem galt es, die Immunabwehr zu stärken. Das Vitamin D3 stand im Fokus der Empfehlungen: Ein bis zwei Weichkapseln Dekristol 20.000 I.E. wöchentlich sollten eingenommen werden.

Innerhalb einer Woche waren die Massen von Panik befallen. Nur wenige konnten sich ihr entziehen. Man schrie nach drastischen Abwehrmaßnahmen gegen die Seuche und war beruhigt, als Ausgangssperren und Grenzschließungen – Bayern voran – verkündet und schließlich auch nach und nach alle anderen gesellschaftlichen Bereiche stillgestellt wurden. Wie konnte so etwas noch nie Dagewesenes in so kurzer Zeit geschehen?

Eine wissenschaftliche Erklärung aus dem vorletzten Jahrhundert ist auch heute noch interessant. Unter dem gewaltigen Eindruck der Französischen Revolution und der dabei zutage getretenen Terrorherrschaft (*Grande Terreur*) sollten gegen Ende des 19. Jahrhunderts Bakteriologie und Hypnotismus gleichermaßen »Massenhysterie« und Massenwahn wissenschaftlich erklären. Im Grunde ging es um die Frage, wodurch eine Menge von vernünftigen Individuen in kürzester Zeit zu einer blutrünstigen Horde zusammengeschweißt wird. So erklärte der französische Arzt und Sozialpsychologe Gustave LeBon in seinem wirkmächtigen Buch *Die Psychologie der Massen*, dessen französische Originalausgabe 1895 erschien, den Mechanismus der Massenbildung quasi mikrobiologisch: Ein *contagion mental*, ein geistiger Ansteckungsstoff, pflanze sich ungehindert fort. Eine solche geistige Infektion, die wie eine Pandemie die Massen befällt, ist in der Kulturgeschichte keine Seltenheit. Die Massenbildung wurde im Kontext des kulturkritischen Diskurses Ende des 19. Jahrhunderts vorwiegend negativ als ein psychopathologischer Zustand aufgefasst, insbesondere als »Massenhysterie« und Auswirkung des »Herdentriebs«.

Die Corona-Krise verlief in zwei Phasen. Obwohl zu Jahresanfang bereits erschreckende Bilder aus Wuhan über die Bildschirme flimmerten, gaben sich die Gesundheitsfachleute und -politiker betont gelassen: »Keine besondere Gefährdungslage für die hiesige Bevölkerung« war die Standardformel. Die Öffentlichkeit bekam den Eindruck, dass die Lage in China zwar schlimm und die drakonischen Maßnahmen der Quarantäne für Millionen von Menschen ein beispielloser Vorgang sei, aber so etwas hielt man für Europa ausgeschlossen, schließlich lebe man in einer freiheitlichen Demokratie. Die beruhigende Massensuggestion wirkte, und wer Zweifel anmeldete, schien ein »Verschwörungstheoretiker« oder hypersensibel, gewisermaßen krank zu sein. Kurze Zeit später schlug dann das Pendel in die andere Richtung aus: Nun plötzlich, nachdem die katastrophalen Bilder aus Norditalien in den Wohnzimmern ankamen, verbreitete sich eine panische Angst vor dem vermeintlichen Killervirus. Die Menschen tätigten massenweise Hamsterkäufe. Die Gewissheit griff um sich, dass jetzt etwas Entscheidendes geschehen müsse. So erschien der *Lockdown*, die nie dagewesene Stilllegung des öffentlichen Lebens, den meisten wie eine Erlösung. Endlich wurde durchgegriffen, Grenzen abgeriegelt, die Menschen in ihre Wohnungen verbannt, öffentliche Einrichtungen geschlossen, Veranstaltungen aller Art abgesagt. Die Massen wurden ruhiggestellt, die Menschen sollten daheimbleiben, *stay at home* hieß die Devise. Diese Ruhigstellung lässt sich auch als massenhypnotischer Effekt verstehen. Bilder und Berichte in den Medien, Verlautbarungen der Virologen und Epidemiologen, die diversen Pressekonferenzen des Robert-Koch-Instituts, die Ansprachen von Spitzenpolitikern schläferten das kritische Bewusstsein ein, der Einzelne wurde Teil einer Herde. Die »richtige« Einstellung pflanzte sich blitzschnell mit einer fast hundertprozentigen Ansteckungsrate fort. Die geistige Epidemie breitete sich aus, keineswegs nur in Deutschland. Nun haben es solche »geistige Epidemien« an sich, dass sie sich manchmal schneller und flächendeckender ausbreiten und verheerender wirken können als Epidemien, die von materiellen Krankheitserregern verursacht werden. Bei der Corona-Krise konnte ich das beobachten.

Geistige Epidemien zeichnen sich durch die Ausschaltung des kritischen Bewusstseins des Einzelnen aus. Kaum jemand traute sich zu fragen, ob die Antwort auf die Pandemie vernünftig war – erst im Ruhemodus zu verharren und nichts zu tun, um anschließend panikartig den *Lockdown* zu praktizieren. Kaum jemand wagte es, die ökonomischen und sozialen Verwerfungen – abgesehen von den medizinischen Kollateralschäden – zu problematisieren, die wahrscheinlich ein Vielfaches von dem zerstören, was das Virus zerstören kann.

Die Ansteckung des Bösen

Der gegenwärtige Pandemie-Diskurs kommt weitgehend ohne den Begriff des Bösen aus. Gleichwohl ist in der gesamten Kulturgeschichte kein anderer Begriff so eng mir dem Erleiden von Seuchen verknüpft wie »das Böse«. Dies gibt zu denken. Es gehört zum Kernbestand der Kultur- bzw. Religionsgeschichte, dass jene »übernatürlichen« Mächte, die dem Menschen guttun, der Menschheit Heilung schicken, auch in der Lage sind, den Einzelnen mit Krankheit zu schlagen und die Gesellschaft mit einer Seuche heimzusuchen. Von einem Ägyptologen, einem Experten für die Medizin der alten Ägypter, habe ich vor Jahrzehnten gelernt, dass alle ägyptischen Götter nicht nur als Heilgötter fungieren konnten, sondern zugleich auch in der Lage waren, Seuchen zu schicken. So galt die löwengestaltige Himmelsgöttin Sachmet, die Mutter der Sonne und Gestirne, die sich in bestimmtem Rhythmus diese immer wieder einverleibt und gebiert, als Herrin über Leben und Tod. Sie rafft die Menschen durch Krieg und Seuchen dahin. Doch wer töten kann, hatte in den Augen der Ägypter auch die Macht zu heilen und so galten ihre Priester als Heilkundige.

In der griechischen Mythologie finden sich ähnliche Ambivalenzen. Apollon, der Vater des Asklepios, wurde unter anderem als Heilgott verehrt. Gleichwohl konnte er auch Krankheit und Tod schicken, etwa den

Griechen die Pest im Trojanischen Krieg. Auch der biblische Gott konnte seine Macht in einer Art *dual use* ausüben, deren Sinn den menschlichen Verstand übersteigen kann, wie die Geschichte von Hiob zeigt. In christlicher Tradition war die göttliche Sendung von Seuchen aus der kausalen Verbindung von Sünde und Strafe zu verstehen. Krankheit im Allgemeinen und Seuchen im Besonderen galten als Strafmaßnahmen der göttlichen Instanz. Dies wird dem Betrachter eines Holzschnitts von 1496 direkt vor Augen geführt. Das Christuskind auf dem Schoß der Madonna sendet mit den Fingerspitzen die infizierenden Strahlen auf zwei Frauen, die dadurch von Syphilis befallen werden. Das Bild stammt aus einer Abhandlung des Humanisten und Arztes Joseph Grünpeck (1473-ca.1532) mit dem vielsagenden Titel: *Tractat von dem vrsprung des Boesen franzos.* Der »böse Franzos« war das zeitgenössische Synonym für Syphilis.

Die »Ansteckung des Bösen« ist ein doppeldeutiger Ausdruck, der uns beim anthropologischen Verständnis der Seuchen vielleicht weiterhelfen kann. Das Böse im *Genitivus subjectivus* würde bedeuten, dass Seuchen von einer bösen Macht gesandt werden. Dem entspricht das Verständnis der Pandemie als kriegerischen Angriff eines unsichtbaren Feindes, den es zu besiegen gilt. Das Böse im *Genitivus objectivus* dagegen würde bedeuten, dass das Böse selbst angesteckt und tendenziell vernichtet wird. Im ersteren Fall würde das Böse expandieren und die Welt gleichsam in Brand setzen, im letzteren würde es selbst attackiert, zurückgeschlagen und – im Idealfall – ausgemerzt werden. In der Corona-Krise können wir eine Renaissance solcher Kriegsmetaphorik beobachten. Auch wenn es bei dieser Pandemie nicht mehr zu Pogromen oder Bußprozessionen kommt, so sind doch mehr oder weniger deutliche Nachklänge einer entsprechenden Einstellung zu beobachten. Der »böse Franzos« hat mancherorts dem »bösen Chines« Platz gemacht, und Klima-Aktivisten rufen Klima-Sünder zur Buße auf.

Das traditionelle Muster von Schuld und Sühne zeigt gerade in Seuchenzeiten seine ideologische Prägekraft: Die sündigen Menschen werden für ihre verwerflichen Taten von einer göttlichen Instanz bestraft und haben dementsprechend zu büßen. In der heutigen säkularen Welt erscheint diese theologische Argumentation selbstverständlich obsolet. Gleichwohl taucht sie im Gewand aktueller (Verschwörungs-)Theorien wieder auf und läuft darauf hinaus, das Fehlverhalten von Menschen für den Ausbruch der Corona-Pandemie verantwortlich zu machen: Virologen, die durch ihre Spezialforschungen zum Corona-Virus in der Fledermaus schuld daran seien, dass es überhaupt aus dem Hochsicherheitslabor in Wuhan entkommen konnte; Konsumenten von dubiosem Wildfleisch, wie es auf chinesischen Tiermärkten angeboten und dann verzehrt werde; ein repressives politisches System, dass den Ausbruch der Epidemie zunächst verheimlicht und dann Informationen unterdrückt habe. Der Ausbruch der Seuche erscheint dann als Folge sträflichen Verhaltens. »Der Mensch ist selbst an dem ganzen Elend schuld«, wäre dann die allgemeine Erklärungsformel.

Die *Lockdown*-Maßnahmen sollten die Ausbreitung des Virus verhindern, sein gefährliches Umsichgreifen bannen. Die Botschaft der politischen Entscheider war nach langem Zögern eindeutig: Ihr müsst euch vollständig den neuen Regeln unterwerfen, um ein Aufflackern der Seuche oder eine zweite Welle zu verhindern. Wenn ihr euch nicht daran haltet, ist alle Mühe vergebens und dem Verderben ist Tür und Tor geöffnet. Daran seid ihr dann selbst schuld.

Seuchen sind keine Naturkatastrophen wie Tsunamis, Erdbeben oder Meteoriteneinschläge. Denn die Frage, inwieweit sie menschen- oder naturgemacht sind, ist nicht eindeutig zu beantworten. Aber es springt bei der Seuchengeschichte ins Auge, dass Epidemien sehr viel mit dem Zustand einer Gesellschaft zu tun haben, mit ihren hygienischen und moralischem Standards, kurzum: mit kulturellen Faktoren. Deshalb fällt es schwer, sie als »Naturkatastrophen« aufzufassen, wie dies am Anfang der Pandemie von einem Virologen vorgeschlagen wurde. So sagte Christian Drosten in seinem Podcast Mitte März: »Wir haben eine Naturkatastrophe, die in Zeitlupe abläuft.«[14] Eine solche Einschätzung der Lage verzichtet auf die quasi religiöse Verquickung von Sünde (des Menschen etwa als »Klimasünder«) und Strafe (der Natur etwa in Form der »Klimakatastrophe«). Die Natur, von der und in der wir leben, ist letztlich unergründlich. Sie erscheint uns in ihrer Unberechenbarkeit gut und böse zugleich. In dem Goethe zugeschriebenen Fragment *Die Natur* kommt dies zum Ausdruck: »Auch das Unnatürlichste ist Natur.«[15]

Die größte Kränkung für den Arzt ist seine Ohnmacht gegenüber der unheilbaren Krankheit, gegenüber dem Tod. Dennoch wird er seine Arbeit tun. Die größte Kränkung für den Wissenschaftler ist die Erkenntnis, dass seine Forschungen letztlich nur Stückwerk sind und gerade nicht den Schleier der Isis lüften können. Dennoch wird er weiterforschen. Die größte Kränkung für den Virologen ist vermutlich, dass er molekularbiologisch alles Mögliche über das Virus weiß, aber seine tatsächliche Durchschlagskraft und Gefährlichkeit für die globale Gesundheit zum Zeitpunkt des Pandemie-Alarms genauso wenig vorhersehen konnte wie »Lieschen Müller«. Dennoch wird er alles daran setzen, das Virus mit seinen ausgefeilten Methoden zu begreifen. Aus der Tatsache, dass das Corona-Virus gerade nicht der *Superkiller* ist, für den es zunächst gehalten wurde (auch ich selbst war davon überzeugt) und von einer drastischen »Übersterblichkeit« hierzulande keine Rede sein kann, lässt sich nicht schließen, dass über kurz oder lang nicht doch ein Killervirus die Menschheit heimsuchen wird. Wird die Corona-Krise dazu führen, die grundsätzliche Verletzlichkeit allen irdischen Lebens einschließlich der Endlichkeit des Menschen demütig anzuerkennen? Es wäre an der Zeit, sich mit der verbreiteten Hybris auseinanderzusetzen, man könne die mächtigen und unberechenbaren Naturkräfte durch Energiewenden, Dekarbonisierung und dergleichen Planspiele neutralisieren. Das »Böse«, was aus der Natur kommen kann,

---

14 https://www.tagesspiegel.de/wissen/virologe-christian-drosten-zum-coronav rus-wir-haben-eine-naturkatastrophe-die-in-zeitlupe-ablaeuft/ (7.06.2020)

15 http://www.zeno.org/Literatur/M/Goethe,+Johann+Wolfgang/ Theoretische+Schriften/Erl%C3%A4uterung+zu+dem+aphoristischen+Aufsatz+%C2%BBDie+Natur%C2%AB (7.06.2020)

ist großenteils gerade *nicht* menschengemacht und kann nicht von ihm ausgeschaltet werden, seien es Vulkanausbrüche, Meteoriteneinschläge oder die Strahlungsaktivität der Sonne. Dieser Umstand bedeutet aber nur für den eine Kränkung, der bestimmten ökologischen Wunschvorstellungen nachhängt, in denen das Narrativ von der guten Natur und dem bösen Menschen fortgesponnen wird. Es ist offen, was die pandemische Ansteckung der Welt in geistiger Hinsicht bewirken wird. Wird die »Liebe zur Weisheit« (damit meine ich nicht primär die in philosophischen Universitätsinstituten) nach dieser Erfahrung zunehmen?

Rettende Rituale?

Anfang März 2020 war die Welt noch in gewohnter Ordnung. Der Verkehr strömte machtvoll in seinen Bahnen, Menschen bevölkerten Straßen und Plätze, Volksfeste wie der Karneval wurden allenthalben gefeiert, Hotels und Gaststätten waren an bestimmten Orten ausgebucht, Kongress- und Urlaubsreisen zu Wasser, zu Lande und in der Luft erreichten neue Rekordzahlen, zur Begrüßung schüttelte man sich mehr oder weniger kräftig die Hand (der *handshake* wurde bei politischen Gipfeltreffen als bedeutungsvolles Zeichen registriert). Die freundliche Umarmung zur Begrüßung und zum Abschied hatte sich auch bei Leuten durchgesetzt, die sich nicht nahe standen, ganz abgesehen von dem Küsschen-Küsschen-Geben als Begrüßungsgeste, das sich die Deutschen von ihren französischen Nachbarn abgeschaut hatten, zeitgleich mit der Vorliebe für Croissant und Baguette. Die Konzertsäle waren bei attraktiven Darbietungen dicht gefüllt, für weniger gut Betuchte gab es sogar Stehplätze hinter der obersten Sitzplatzreihe. Auch wenn die Kirchen allsonntäglich außer an Weihnachten eher schwach besucht waren, so konnte man in ihnen doch zur Orgel laut mitsingen oder gelegentlich auch Kirchenchören lauschen. All diese wie selbstverständlich ausgeübten Rituale waren schlagartig nicht mehr möglich, erschienen nun als potenziell gefährlich und wurden zum großen Teil sogar verboten.

Vor dieser Wende war der so genannte Mund-Nasen-Schutz hierzulande allgemein verpönt, kaum jemand ließ sich damit sehen und wenn tatsächlich jemand damit auftauchte, galt er als ein Patient, der sich offenbar einer onkologischen Spezialtherapie unterziehen und sich vor Feinstaub oder Krankheitskeimen schützen musste. Ansonsten war eine solche »Gesichtsmaske« speziellen Berufsgruppen vorbehalten: Chirurgen, OP-Schwestern, Mikrochip-Herstellern, Restauratoren wertvoller Handschriften. Die Scheu, in einer unmaskierten Öffentlichkeit eine Maske zu tragen, ist durchaus vergleichbar mit dem Gefühl, das einen befallen würde, wenn man sich inmitten von FKK-Anhängern im Badeanzug zeigte. Dieses Beispiel verdeutlicht den radikalen Wandel, ja die Revolution im gesellschaftlichen Zusammenleben. Denn jetzt, wo das Tragen des Mund-Nasen-Schutzes in bestimmten Räumen und Situationen vorgeschrieben ist, würde man sich ohne ihn nackt fühlen unter all den anderen Maskierten, wie ein »Flitzer« in der Menge. (Ja, man würde fast in die Nacktrolle einer gewissen pornografisch wirkenden Performance-Künstlerin schlüpfen, wobei man allerdings keine bewundernd-belustigte Blick auf sich zöge, sondern eher Beschimpfungen wegen der Gesundheitsgefährdung anderer.) Ich konnte eine erbitterte Diskussion in einem Supermarkt erleben, wo ein Mann ohne Maske einkaufte und von einem anderen Kunden aggressiv darauf hingewiesen wurde, dass er ein solche tragen müsse. »Nein, muss ich nicht«, gab der Angebellte zurück. »Doch, müssen Sie«, kläffte der Kritiker. Nachdem sich dieses Spiel mehrfach wiederholt hatte, rief der Nicht-Maskierte schließlich triumphierend: »Ich habe eine ärztliche Bescheinigung!« Dieser Auskunft hatte der Kritiker nichts mehr entgegenzusetzen und zog sich zurück.

Wie bringen wir die Welt von gestern mit der von heute zusammen? Es gibt ein verzweifeltes Bemühen, die altgewohnten Bräuche auch in der Corona-Krise durch gewisse Veränderungen an die neue Situation anzupassen, sie sozusagen hinüberzuretten. In der Kirche etwa soll jede zweite

Bankreihe frei bleiben, Weihwasser in den katholischen Kirchen ist aus speziellen Wasserspendern zu beziehen, es darf nicht mehr laut »aus voller Brust« gesungen werden. Oder: Ein Versicherungsvertreter berät mich als Kunden ohne seine Maske zu lüften. Man hätte gerne sein Gesicht gesehen, wenn er über neue Rabatte bei Versicherungswechsel philosophiert. Auch der Händedruck entfällt und der bereitgestellte Kaffee wird wegen der Maske abgelehnt – keine Vorschrift, aber eine Empfehlung seines Unternehmens. Solche Brüche im »normalen« Verhalten sind allenthalben festzustellen. Das gewohnte Verhalten widerspricht dem jetzt vorgeschriebenen neuen. Der Singende hat zu verstummen oder darf allenfalls leise mitsummen; der Gesprächspartner, dem man früher die Hand reichte und ins Gesicht blickte, geht auf Distanz und verhüllt sein Gesicht. Die Sozialpsychologie bezeichnet solche Irritationen als »kognitive Dissonanz«. Diese erzeugt ein ständiges Unbehagen und frustriert unser Gemeinschaftsgefühl. Sie ist der Riss, der jetzt durch unseren Alltag geht. Vorderhand ist er nicht zu kitten oder gar zu heilen.

Wie bei jeder Seuche entstehen rettende Rituale. Sie sollen vor dem Unheil schützen und die Abwehr stärken. Sie nehmen in unterschiedlichen Epochen recht unterschiedliche Gestalt an, wovon im ersten Teil des Essays die Rede war. Wie sehen sie in der Corona-Krise aus? Innerhalb kürzester Zeit wurde ein Kanon von Vorschriften etabliert, der sich ausschließlich um die medizinische Hygiene dreht. Bestimmte Verhaltensregeln werden regelmäßig genannt. Hier als Beispiel die Formulierung auf einem Hinweisschild mit Piktogrammen für Flugreisende:[16]

HALTEN SIE IMMER DEN ABSTAND VON 1,5M EIN
NIESEN UND HUSTEN SIE IN IHRE ELLENBEUGE
DENKEN SIE AN IHREN MUND-NASEN-SCHUTZ
KEIN HÄNDESCHÜTTELN
WASCHEN SIE REGELMÄSSIG IHRE HÄNDE MIT SEIFE
FASSEN SIE SICH NICHT INS GESICHT

---

16 https://www.kassel-airport.de/unternehmen/news///wichtige-reise-informationen-zu-den-auswirkungen-des-corona-virus/ (27.07.2020)

Rettende Rituale beherrschen unseren Alltag und sind inzwischen überraschend widerstandslos verinnerlicht worden, was ich an mir selbst mit Erstaunen feststellen kann. Sie dominieren unser Verhalten, woran öffentliche Proteste und kritische Diskussionen in sozialen Medien (zumindest bis zur Jahresmitte 2020) wenig ändern konnten. Aus dem Blickwinkel der Kultur- und Medizingeschichte erscheinen sie allerdings sehr einseitig: Sie beziehen sich einzig und allein auf mikrobiologisch begründete Leitlinien der Ansteckungsvermeidung. So wichtig diese auch sind – und an ihrer Wichtigkeit können keine Zweifel bestehen –, so wenig berücksichtigen sie die kaum zu ermessende Wirkung sozialpsychologischer, spiritueller, religiöser Faktoren. Wer die tatsächliche Bedeutung des *Placebo*-Effekts und damit zusammenhängend der Resilienz bzw. Salutogenese für die immunologische Widerstandskraft in Betracht zieht, erkennt eine empfindliche Schwachstelle der gegenwärtigen Pandemie-Bekämpfung, die sich unabhängig von virologischen Erkenntnisse und Fortschritten bei der Impfstoffgewinnung ergibt – und ebenso für die moderne Biomedizin insgesamt festzustellen ist: Der Mensch ist eben nicht nur ein biologisches Wesen, sondern auch ein geistiges. Paracelsus (Theophrastus Bombast von Hohenheim, 1493/94-1541) hat einst von den »zwei Leibern« des Menschen gesprochen, dem sichtbaren und dem unsichtbaren und Letzterem nicht weniger Wirkmacht (»gewalt«) zugebilligt als Ersterem. Es wäre fatal, wenn Angst und Panik als *Nocebo* in uns wirken und die heilkräftigen Potenziale unseres Organismus außer Gefecht setzen würden. Insofern sollten wir über den gängigen Hygiene-Vorschriften nicht jenen Bereich vergessen, den man der »Psychohygiene« zurechnen kann.

LEPRA

Lepröser mit Klapper

Aus einem Manuskript des
Bartholomaeus Anglicus: *Livre
des propriétés de choses*,
Frankreiche Ende 15. Jh.,
Paris, Nationalbibliothek

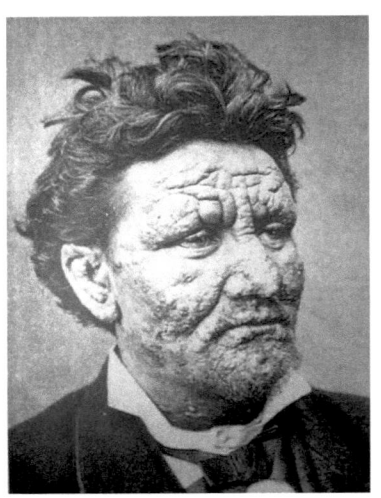

Ein 24jähriger Leprakranker
aus Norwegen (1886)

https://www.wikiwand.com/
de/Lepra

84

Lepra-
Museum
in Münster-
Kinderhaus

Historisches Modell aus dem Lepra-Museum in Münster/Westfalen:
Kirche (links); daneben das "Lazarushäuschen", wo Vorbeireisende Spenden
ablegen konnten; im Vordergrund das Leprosorium; hinten rechts das Armenhaus
(darin heute das Lepra-Museum)

https://www.lepramuseum.de/ (17.09.2020)

Bestattung der Pesttoten in Tournai (Wallonien); um 1353; Miniatur aus der Chronik des Gilles Li Muisis, Bibliothèque royale de Belgique, MS 13076-77, f. 24v.

Der Pestheilige Sebastian

Gemälde von Donatello da Messina,
um 1478

Gemäldegalerie Alte Meister Dresden

https://www.wikiwand.com/de/
Sebastian_(Heiliger)
(17.09.2020)

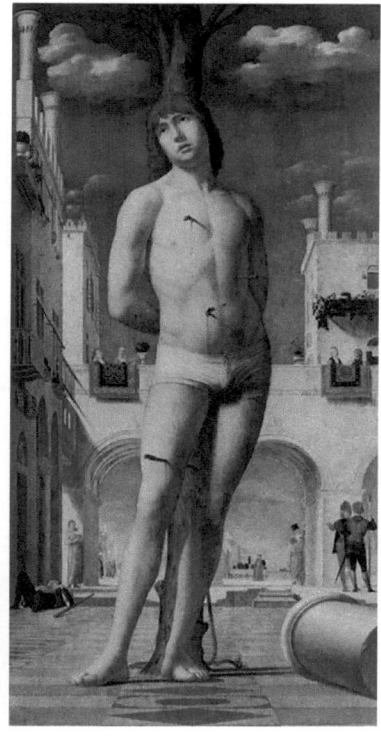

Pestarzt "Doctor Schnabel von Rom"

Kupferstich 1656; aus E. Holländer:
*Die Karikatur und Satire in der
Medizin*, Stuttgart 1921, S. 171

https://de.wikipedia.org/wiki/
Datei:Paul_F
%C3%BCrst,_Der_Doctor_Schnabel_v
on_Rom_(Holl
%C3%A4nder_version).png
(17.09.2020)

SYPHILIS

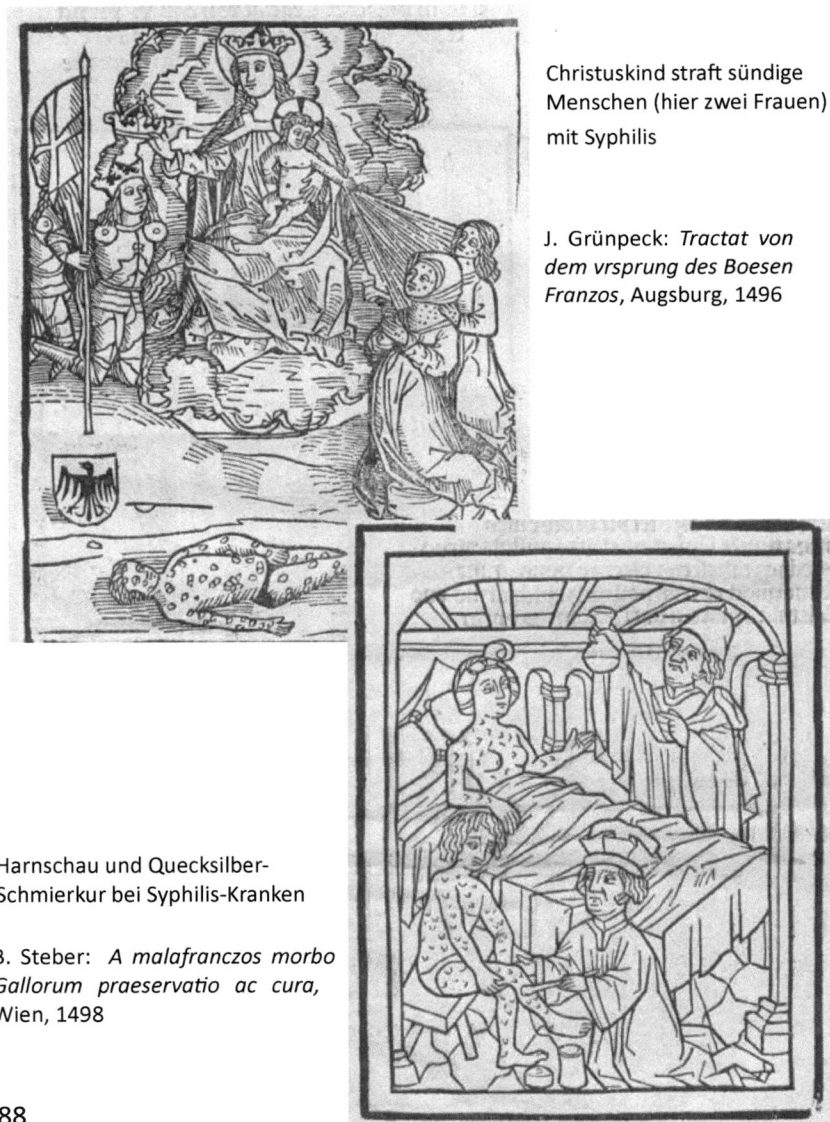

Christuskind straft sündige Menschen (hier zwei Frauen) mit Syphilis

J. Grünpeck: *Tractat von dem vrsprung des Boesen Franzos*, Augsburg, 1496

Harnschau und Quecksilber-Schmierkur bei Syphilis-Kranken

B. Steber: *A malafranczos morbo Gallorum praeservatio ac cura,* Wien, 1498

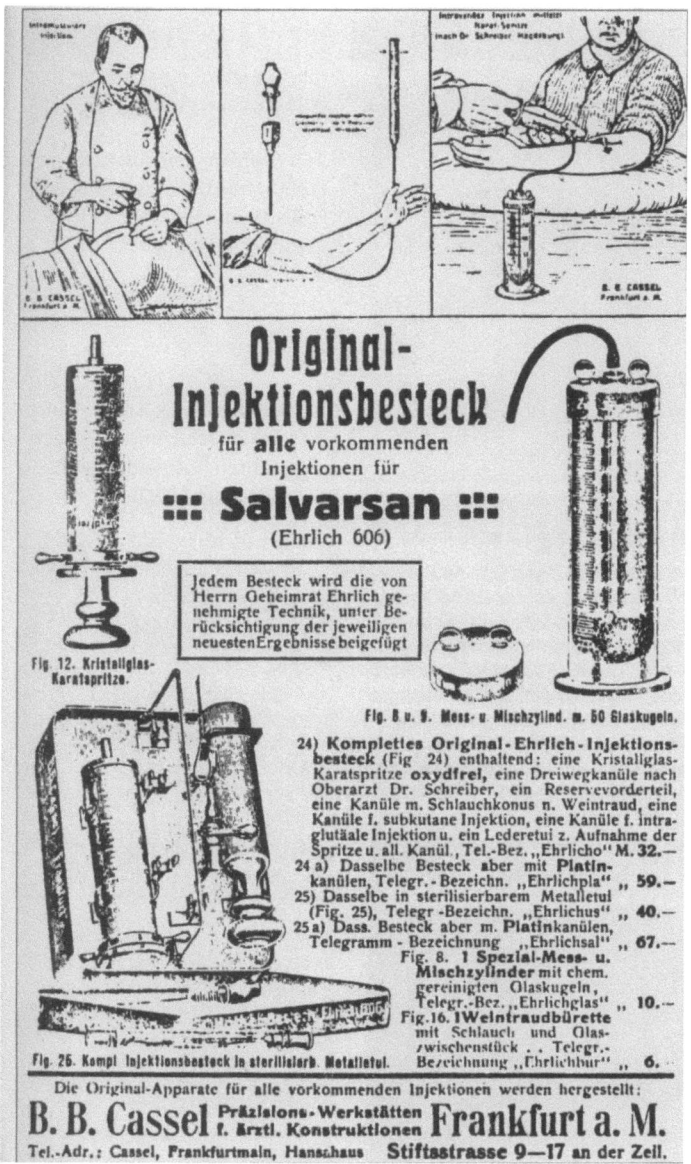

Paul Ehrlich führt 1910 das "Salvarsan" zur Syphilisbehandlung ein – das erste Chemotherapeutikum; Mitteilung der Firma B. B. Cassel, Frankfurt am Main; aus H. Schott: *Die Chronik der Medizin*, Dortmund 1993, S. 375

POCKEN

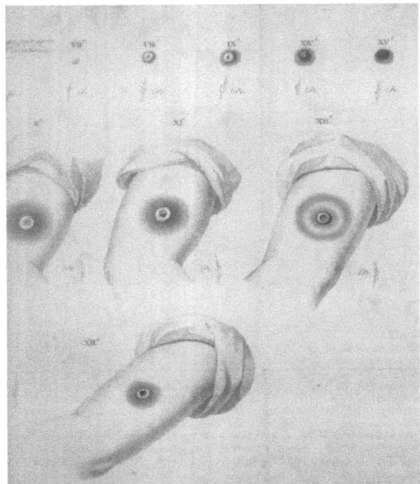

Hautreaktionen nach einer
Pockenschutzimpfung

Aus *Traité de l'inoculation vaccine*
(1800), franz. Übersetzung von
Edward Jenners 1798
veröffentlichter Schrift

Der Arzt Jean-Louis Alibert führt
eine Pockenschutzimpfung nach
Jenner durch (Gemälde von C.
Desbordes, um 1820)

Pockenkrankes Kind
(Bangladesch, 1973)

https://www.wikiwand.com
/de/Pocken
(17.09.2020)

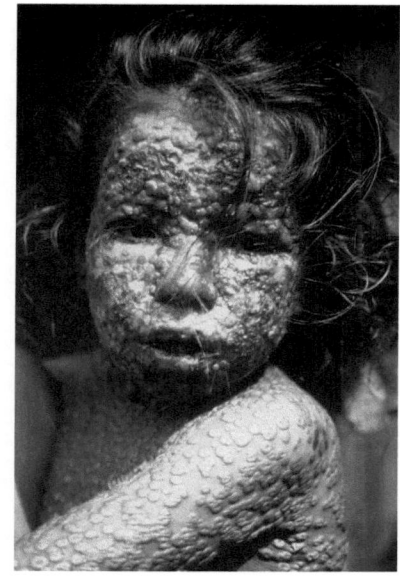

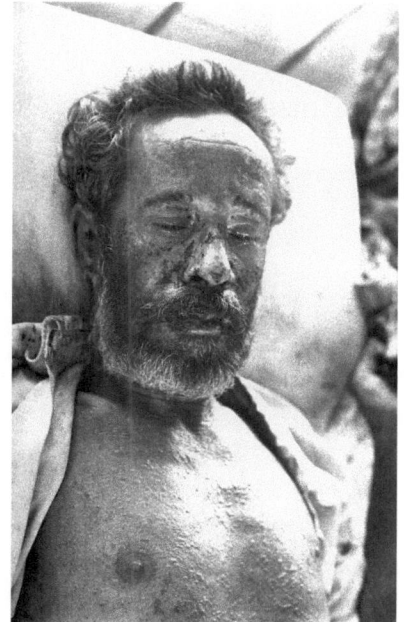

Ein Mann, der an lebensbedrohlichen
hämorrhagischen Pocken (»Schwarze
Blattern«, *Variola haemorrhagica*)
leidet
(Bangladesh, 1975)

https://www.wikiwand.com/en/
Smallpox (17.09.2020)

CHOLERA

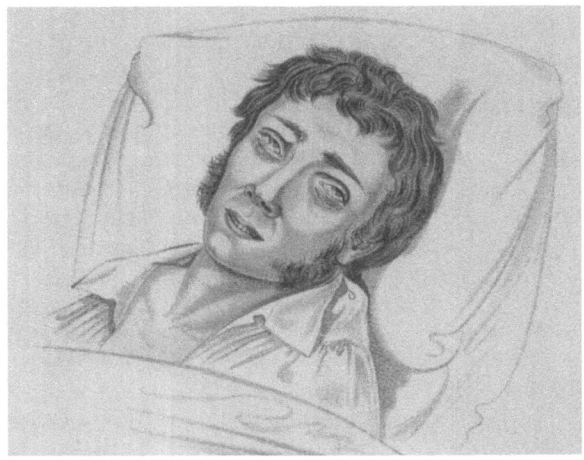

Cholera-Kranker
Aus K. H. Baumgärtner: "Kranken-Physiognomie" (1838)

La Barbarie et Le Choléra-Morbus Entrant en Europe ...; Karikatur von
Denis-Auguste-Marie Raffet (1831)

Cholera in Hamburg 1892: Kranke ins Hospital gebracht;
aus Heinz Schott: Die Chronik der Medizin, Dortmund 1993, S. 332

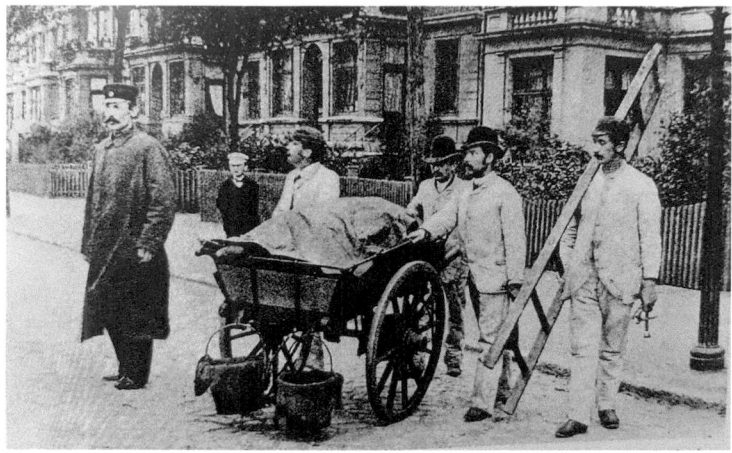

Cholera in Hamburg 1892: Desinfektionskolonne mit Chlorkalk-Karren
https://www.wikiwand.com/de/Choleraepidemie_von_1892 (17.09.2020)

TUBERKULOSE

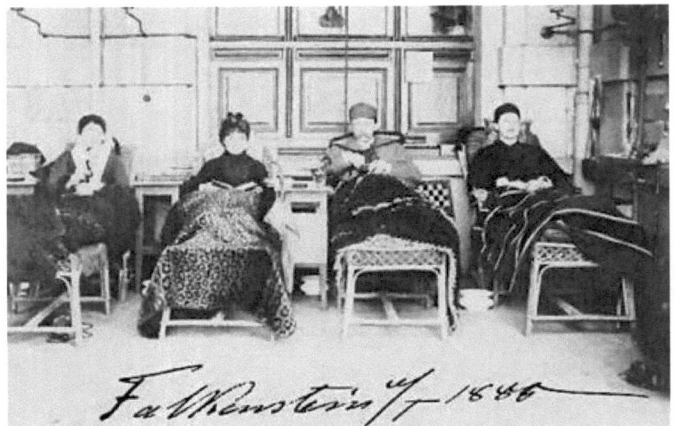

Luftkur (Freiluft-Liegekur) in der Liegehalle; Falkenstein 1886

Lungensanatorium: Klimatische Heilanstalt Falkenstein (Taunus) um 1875

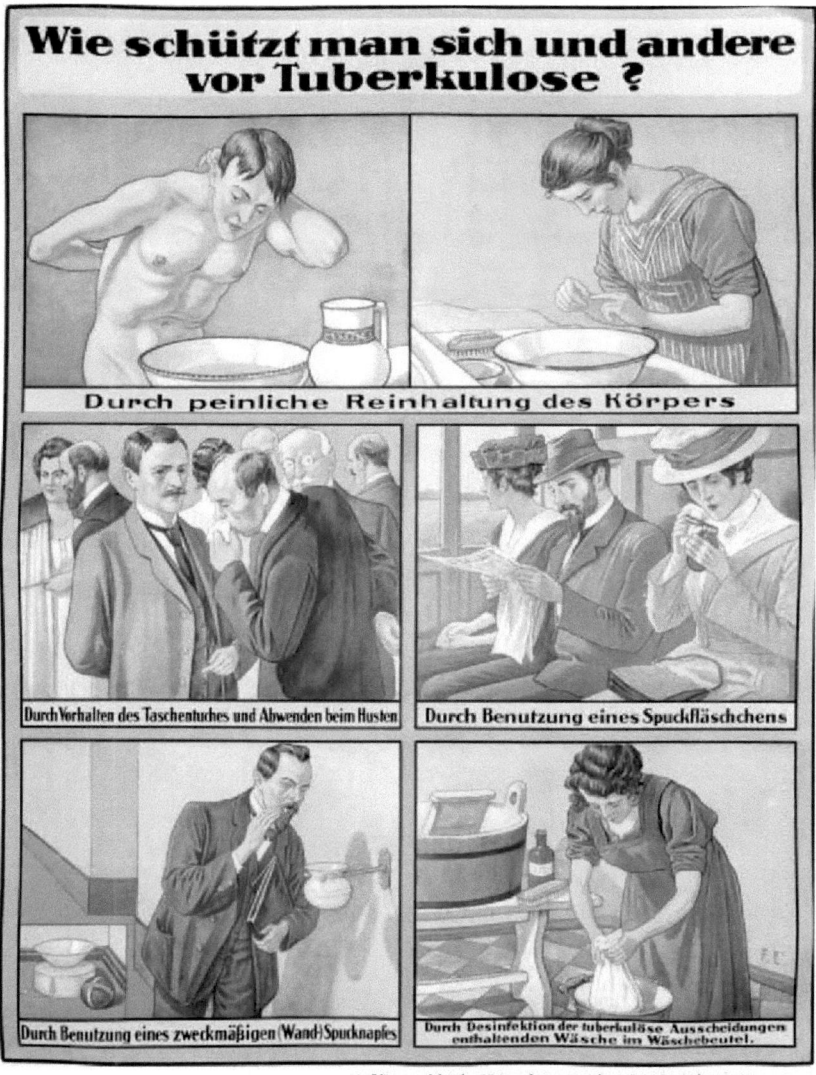

Hygiene-Regeln vor 100 Jahren:
Aufklärungsplakat des Deutschen Zentralkomitees zur Bekämpfung der
Tuberkulose (DZK) aus den 1920er Jahren; Deutsches Hygiene-Museum

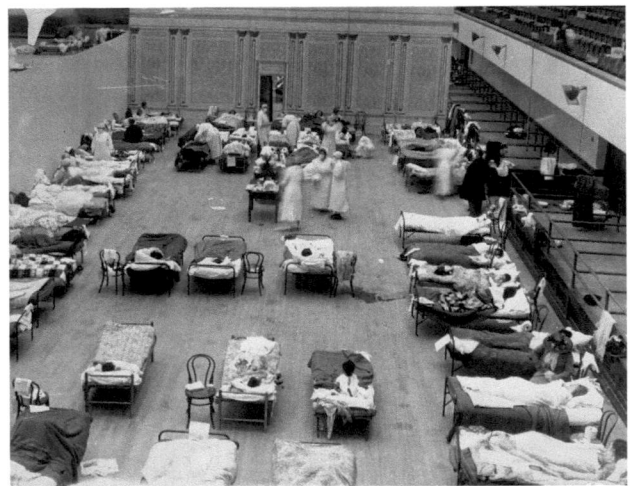

Spanische Grippe: Provisorische Versorgung von Kranken durch Rotkreuzhelfer im Municipal Auditorium von Oakland, California, 1918 (Bildquelle wie unten)

Spanische Grippe: Notlazarett auf dem Rasen von Emery Hill in Lawrence, Massachusetts (Foto vom 29. Mai 1919); https://www.wikiwand.com/de/Spanische_Grippe (17.09.2020)

Rote Schleife (*Red Ribbon*) symbolisiert seit 1991 weltweit die Solidarität mit HIV-Positiven und AIDS-Kranken; der Welt-AIDS-Tag wurde von der WHO erstmals 1988 ausgerufen

Unten:
aus *Mehr Wissen über HIV und AIDS*; Broschüre der Bundeszentrale für gesundheitliche Aufklärung (BzgA), 2. Aufl., S. 23

Wichtig!

Keine Ansteckungsgefahr besteht durch:

- **Küssen (auch Zungenküsse), Umarmen und Streicheln**
- **Spielen und Sport**
- **Anhusten oder Anniesen**
- **das Benutzen derselben Gläser, Teller und Bestecke**
- **den Besuch von Schwimmbädern oder Saunen**

Auch durch Mücken oder andere Insekten können die HI-Viren nicht von einem Menschen auf einen anderen übertragen werden.

Schlussbetrachtung

Meinen Essay habe ich von März bis Juni 2020 verfasst. Bis zur Drucklegung im Oktober ist wiederum ein Vierteljahr vergangen. Meine damalige Einschätzung hat sich bestätigt: Die anfängliche Horrorvision einer verheerenden Pandemie, vergleichbar dem Schwarzen Tod oder der Spanischen Grippe, ist Gott sei Dank nicht wahr geworden. Denn im Vergleich zu früheren Pandemien hielt sich die Zahl der manifest Erkrankten und der Todesfälle innerhalb der Grenzen einer saisonalen Grippe. Zumindest in Deutschland war keine Übersterblichkeit festzustellen. Zu keinem Zeitpunkt waren die Intensivstationen überlastet oder wurden die Beatmungsgeräte knapp. Manche Bestattungsunternehmen mussten sogar Kurzarbeit anmelden.[1] Ein realistischer Blick in die Seuchengeschichte hätte dazu beitragen können, der grassierenden Panik und Weltuntergangsstimmung entgegenzuwirken. Doch die beruhigende Nachricht eines Medizinhistorikers bedeutet keineswegs, dass nicht schon morgen tatsächlich ein Killervirus auftauchen und ein Massensterben auslösen kann. Dies ist wohl ebenso wenig vorhersagbar wie der Ausbruch eines Vulkans oder der Einschlag eines Meteoriten. Im Hinblick auf die Seuchenabwehr mag der Corona-Alarm als Probealarm nützlich gewesen sein. Denn das Einhalten hygienischer Grundregeln wie Händewaschen, Lüften oder Maskentragen in bestimmten Situationen ist immer sinnvoll. Aber in ökonomischer, sozialer und psychologischer Hinsicht war und ist er enorm desaströs und selbstzerstörerisch.

Inzwischen hat die öffentliche Auseinandersetzung über Notwendigkeit und Verhältnismäßigkeit der staatlich verordneten Anti-Corona-Maßnah-

---

1 https://www.faz.net/aktuell/wirtschaft/unternehmen/zu-wenige-beerdigungen-bestatter-in-kurzarbeit-16865665.html (17.09.2020)

men (*Lockdown*, Maskenpflicht etc.) Fahrt aufgenommen. Auf vielen Ebenen wird agitiert und gestritten: auf Großdemonstrationen und in Medien, in Vereinen und Familien. Aber auch der Einzelne mag sich innerlich zerrissen fühlen. Der altbekannte Ruf nach »Freiheit« erschallt von neuem und neue Schlagwörter wie »Covidioten« und »Corona-Leugner« sind die Antwort darauf. Woran können wir uns zuverlässig orientieren? Inwiefern können wir der politischen Führung vertrauen? Inwieweit können Aussagen von Wissenschaftlern Entscheidungen von Politikern begründen? Können wir etwas aus der Geschichte lernen? Totalitäre Strategien, seien sie religiös oder politisch, »links« oder »rechts«, haben bislang nur Unheil über die Menschen gebracht. Sie können keine Option sein, auch nicht in Zeiten der Pandemie.

Die Angst lauert überall – nicht zuletzt bei Denunzianten, die selbst von Angst getrieben sind. Sie schwächt, was die Seuchengeschichte lehrt, die Abwehrkräfte des Menschen wie keine andere Emotion. Sie macht ihn anfälliger für das Corona-Virus und andere Infektionserreger. »Frohe Botschaften« sind gerade in Seuchenzeiten als Stärkungsmittel gefragt, nicht zuletzt auch aus Sicht der Immunologie. Aber gerade hier offenbart der Umgang mit der Corona-Krise einen Blinden Fleck: die Ausklammerung des Seelenlebens, seiner sozialpsychologischen und religiösen Grundierung. Denn es korrespondiert unmittelbar mit dem menschlichen Körper und kann diesen je nach seiner Stimmung stärken oder schwächen.

Es mag tröstlich sein, dass selbst die beste Wissenschaft mit ihrer Spitzenforschung die Zukunft nicht so genau vorhersagen kann, wie sie es gerne möchte und oft genug für sich beansprucht. Auch die Corona-Krise bietet hierfür reichlich Anschauungsmaterial. So bleibt Raum für Hoffnung auf überraschende Wendungen.

INHALT

PANORAMA DER SEUCHEN – EIN HISTORISCHER SCHATTENRISS *7*

Lepra,»Aussatz« *9*
Pest, »Schwarzer Tod« *13*
Syphilis, »Franzosenkrankheit« *18*
Pocken, »Blattern« *22*
Cholera, »Pest des 19. Jahrhundert« *27*
Tuberkulose, »Schwindsucht« *32*
Influenza, »echte Grippe« *37*
AIDS, *Acquired Immune Deficiency Syndrome* *39*

CORONA-KRISE – EINE ANSTECKUNG DER WELT *44*

Covid-19 und die Physiognomie von Seuchen *45*
Mittwoch, 18. März 2020 *51*
Die »Heilige Corona« wird entdeckt *54*
Was hat uns der Philosoph zu sagen? *57*
Weltkrieg gegen einen unsichtbaren Feind *60*
75 Jahre »bedingungslose Kapitulation« *63*
Weissagekunst in Corona-Zeiten *67*
Panik, Massensuggestion, geistige Epidemie *73*
Die Ansteckung des Bösen *76*
Rettende Rituale? *80*

BILDERGALERIE *84*

Schlussbetrachtung *98*